Goldmann Sachbuch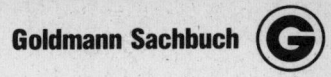

Maurice Tugwell

ARNHEIM

**Der letzte deutsche Sieg
im Zweiten Weltkrieg**

Wilhelm Goldmann Verlag

Bildnachweis

Die Fotos und die Karte wurden uns freundlicherweise von
Imperial War Museum, London;
The Associated Press, Frankfurt a. M.
Bilderdienst Süddeutscher Verlag, München
und United Artists, Frankfurt a. M.
zur Verfügung gestellt.

Made in Germany · 5/78 · 1. Auflage · 118
Genehmigte Taschenbuchausgabe. © der englischen Originalausgabe 1975 by
Maurice Tugwell. © der deutschsprachigen Ausgabe 1976 by Verlag E. S. Mitt-
ler & Sohn GmbH, Herford. Umschlagentwurf: Creativ Shop A. + A. Bach-
mann, München. Umschlagfoto: United Artists, Frankfurt a. M., aus dem Film
»Die Brücke von Arnheim«. Satz: IBV Lichtsatz KG, Berlin. Druck: Presse-
Druck Augsburg. Verlagsnummer: 11 193 · Schulte/Richter/Hofmann
ISBN 3-442-11193-5

Inhaltsverzeichnis

Vorwort von General Sir John Hackett 7

Einleitung 15

Die Brücke 23

Das Konzept 27

Der Angriff der Bodentruppen 33

Der Luftlandeplan 41

Die deutschen Verteidigungsmaßnahmen 51

Die Luftlandungen 55

Unvorhergesehene Schwierigkeiten 59

Krisen 65

Die Brücke 85

Schlußbemerkung 97

Anhang 1 Gliederung und Stellenbesetzung der 1.
          Luftlandedivision am 17. September 1944 101

Anhang 2 Verteilung von Flugzeugen und Lasten-
          seglern auf die Einheiten der 1. Luftlande-
          division je Welle (Hub) 104

Anhang 3 Victoria-Kreuze – verliehen für Tapfer-
          keit vor dem Feinde in der Schlacht bei
          Arnheim 107

Literaturverzeichnis 109

Karte 111

Vorwort

Es ist unwahrscheinlich, daß Luftlandeverbände, das heißt durch Flugzeuge auf das Schlachtfeld gebrachte Erdkampfverbände, jemals wieder so eingesetzt werden wie im Zweiten Weltkrieg. Das bemannte Flugzeug als eine Waffe erschien urplötzlich wie eine Rakete am militärischen Himmel: Im frühen 20. Jahrhundert aufgetaucht, stieg sie zu hoher Bedeutung im Ersten Weltkrieg auf und erreichte ihren Gipfelpunkt im Zweiten Weltkrieg. Die Lichtspur ihrer Bahn leuchtet noch heute hell. Doch könnten zukünftige Historiker leicht irgendwo in der Mitte des 20. Jahrhunderts einen Punkt finden, an dem ihr Abstieg begann, nämlich ungefähr zu der Zeit, als die Einführung von Massenvernichtungswaffen klar erkennen ließ, daß ein totaler Krieg zwischen größeren Mächten nicht mehr als ein Akt rationaler Politik angesehen werden konnte. Das bemannte Flugzeug wird weiterhin eine wesentliche Rolle in größeren Konflikten spielen, die direkt zwischen kleineren Mächten ausgetragen werden, und in kleineren Konflikten, die indirekt größere Mächte konfrontieren. Hier ist der Einsatz von Luftlandeverbänden immer noch von Bedeutung. Wir sind aber ziemlich sicher über den Punkt hinaus, an dem die militärische Kunst,

Truppen durch die Luft zu bewegen und diese abzuwehren, den Einsatz von Luftlandedivisionen weiterhin in Operationen zwischen direkt konfrontierten größeren Mächten erlaubt. So umfangreiche und langsame Luftflotten aus Truppentransporten und gezogenen Lastenseglern wie die, die den Himmel über Südostengland am 17. September 1944 verdüstert hatten, wird es wohl kaum jemals wieder geben. Vorüber ist das halbe Jahrhundert, in dem in einem größeren Krieg die umfassende Luftlandeoperation möglich und fast (doch nie ganz) verwirklicht wurde.

Die Luftlandeoperationen des Zweiten Weltkrieges, die in ihrer Art heute unwiederholbar erscheinen, werden, gerade weil sie es sind, die Aufmerksamkeit militärisch interessierter Kreise wohl noch für einige Zeit erwecken – und vielleicht keine stärker als das Unternehmen »Market Garden«. Es bietet eine besonders interessante militärische Problematik und einen geradezu einladenden Gegenstand für Studien aus mehreren Gründen: einmal wegen der Möglichkeit, »Market Garden« als zusammenhängende Operation aus der Gesamtkriegsführung herauszugreifen, dann im Hinblick auf die Hoffnung der Alliierten, den Zweiten Weltkrieg durch den Erfolg dieses Unternehmens abzukürzen, weiterhin wegen der dramatischen Verkettung von Mißgeschick und Mißgriff in seinem Verlauf und schließlich wegen der bemerkenswerten Tapferkeit vieler der beteiligten Soldaten. »Market Garden« war daher von besonderer Anziehungskraft für Geschichtsjournalisten – diese unterschieden von den ernsthaften Geschichtswissenschaftlern. Die vorliegende Analyse stammt von einem Schriftsteller, dessen Werk der letzteren Kategorie zugerechnet werden möchte und das es verdient, trotz seiner Kürze ernst genommen zu werden.

Es gibt zahlreiche Fragen zu dieser Operation, die bisher nur zum Teil gelöst sind. Wo einige von ihnen liegen, möchte ich im folgenden darstellen:

Zunächst die Planung. Von den drei beteiligten Divisionen war die britische 1. Luftlandedivision am gefährdetsten; sie hatte daher einen hohen Anspruch auf Vorrang bei der Zuteilung von Lufttransportmitteln. Da deren größter Teil jedoch einem Alliierten gehörte, sollte es nicht leicht werden, dem zu entsprechen. Darüber hinaus mußte kurz nach der Luftlandung durch Ausnutzung des Angriffsschwunges des XXX. Korps, welches dem Luftlandeangriff folgte, ein schneller Erfolg des Unternehmens erreicht werden, um die Übergänge über die südlicher gelegenen Wasserhindernisse zu sichern. Unzweifelhaft aber war das Absetzen der 1. Luftlandedivision während mehrerer Tage wegen des Verlustes des Überraschungsmomentes nach dem ersten Tage ein Hauptfaktor für den Fehlschlag der ganzen Operation. Ein weiterer Grund war die Entfernung von Absprung- und Landezonen zu den Angriffszielen. Die Kommandeure der Fallschirmjägerbrigade, die am zweiten Tag eintrafen, waren sich darüber klar, daß ein Vorgehen inmitten bereits organisierten Widerstandes gegen Ziele, die wie geplant acht Meilen von den Landezonen entfernt lagen, unausführbar war. Sie erkannten, daß die Schlacht so nicht zu gewinnen war. Man hat eingewendet, daß die Luftwaffen-Kommandeure ein höheres Risiko hätten eingehen sollen bezüglich der Flug-

abwehrkräfte in der Nähe, insbesondere der den Flugha-
fen Deelen schützenden, die sich in Wirklichkeit als nicht
so stark erwiesen wie gefürchtet. Gewiß kann man noch
mehr darüber sagen. Ein anderer diskussionswürdiger
Punkt ist der, ob bei der Abneigung gegen höheres Flugri-
siko die Landung im Poldergebiet südlich des Nieder-
rheins nicht vorzuziehen gewesen wäre. Auch ist zu fragen, warum man den Aufklärungsergebnissen aus verschiedenen Quellen so wenig Aufmerksamkeit geschenkt
hatte, die die Anwesenheit der Kader von mindestens zwei
Panzerdivisionen in diesem Raum bezeugten. Warum
wurde hinsichtlich der geeignetsten Vormarschstraße für
das XXX. Korps nach Arnheim nicht holländischer Rat
eingeholt, beziehungsweise, als er angeboten wurde, mißachtet? Nicht nur im Rückblick erscheint die einzige Ver-
bindungsstraße von Nimwegen nach Norden, die so leicht
durch Panzerabwehrwaffen zu sperren ist, als keineswegs
beste Panzervormarschstraße nach Arnheim. Als die
Garde-Panzerdivision auf dieser Straße angesetzt wurde,
mißachtete man die Vorkriegsstudien holländischer Offiziere, deren Untersuchungsergebnisse sich für das System
von Straßen zweiter Ordnung nordwestlich zum Rhein
hin und dann möglichst auf beiden Ufern flußaufwärts
ausgesprochen hatten.

Dieses sind einige Fragen, die im Zusammenhang mit
der Planung des Unternehmens auftauchen. Andere beziehen sich auf die Durchführung.

Man weiß, daß das größte Handikap im Verlauf des
Kampfes, den die britische 1. Luftlandedivision um das

Hauptziel des ganzen Unternehmens – die Brücke von Arnheim – führte, ein fast totaler Ausfall der Befehlsgebung auf Divisionsebene während anderthalb Tagen in der kritischsten Phase der Schlacht war. General Urquhart war eigentlich fast von der Zeit seines Eintreffens ab (17. September) ohne Funkverbindung zu der Brigade, die befehlsgemäß die Brücke zu nehmen hatte. Warum das so war, ist immer noch nicht ganz klar. Aber es scheint, daß die Funkgeräte nicht dazu geeignet waren, in ungünstigem Gelände zufriedenstellend zu arbeiten. Unsachverständige Kritik hat vermerkt, die Funkausrüstung hätte vorher in einem ähnlichen Gelände erprobt werden müssen. Dafür aber war keine Zeit gewesen. Die Division war schon kurzfristig für mehrere andere Unternehmen in ganz unterschiedlichem Gelände alarmiert worden. Jedenfalls war diese Ausrüstung unzureichend, und Urquhart tat das einzig Mögliche: Er ging nach vorn. Ausgesprochenes Mißgeschick hielt ihn fest – völlig abgeschnitten –, zusammen mit dem Brigadier, der als Nachfolger vorgesehen war, wenn Urquhart ausfallen sollte. Als der Divisionskommandeur schließlich nach 39 Stunden auf seinen Gefechtsstand zurückkam und die Führung wieder in die Hand nahm, war es zu spät für durchschlagende Entscheidungen, die er allein hätte treffen können; durch Unentschlossenheit und Zaghaftigkeit war inzwischen die letzte Chance vergeben worden, in konzentriertem Angriff mit einer Kampfgruppe von annähernd vier Bataillonen, die nur ein bis zwei Meilen entfernt zur Verfügung stand, zu Oberstleutnant Frost an die Brücke vorzustoßen.

Wenn sich General Urquharts Idee hätte voll auswirken

können, dann wären ihm mehrere entscheidende Entschlüsse möglich gewesen: entweder die ganze 4. Fallschirmbrigade bei Ankunft sofort in Richtung Frost (also Brücke) einzusetzen, oder die beherrschende Höhe von Westerbouwing mit der schweren Fähre bei Heveadrop zu halten, selbst unter Preisgabe der Brücke von Arnheim, um die verbliebenen noch sehr beachtlichen Kräfte der Division in diesem Brückenkopf westlich Oosterbeek zusammenzufassen. Er hätte auch eine bessere Lage für seinen Gefechtsstand sowie ein besseres Gelände für den Abwehrkampf wählen können, als er bei seiner Rückkehr vorfand. Wenn er sich entschlossen hätte, seine Kräfte durch die Stadt hindurch noch am 18. abends auf Frost hin anzusetzen, dann würde er in der Lage gewesen sein, diesen die notwendige Geschlossenheit, Stoßkraft und einheitliche Führung zu geben, anstatt diese letzte Chance, Frost zu entsetzen, in Verwirrung und Zeitverlust entschwinden zu lassen. Als er zu seinem Gefechtsstand am Morgen des 19. September zurückkam, war das tatsächlich das erste, was er zu tun versuchte. Aber es war zu spät.

Andere Dinge noch liefen bei der Durchführung des Unternehmens schlecht. Die Fernmeldeverbindungen von der Division nach oben waren ebenso ungenügend wie die nach unten zu den Brigaden. Die schon durch schlechtes Wetter behinderte Luftversorgung wurde auf den verschiedenen Führungsebenen auch noch unsachgemäß durchgeführt, und selbst die unvergleichlichste Einsatzfreudigkeit der Flugzeugbesatzungen konnte diese Situation kaum bessern.

Ohne Schwierigkeiten wären weitere Beispiele für

menschliches Versagen und Mißgeschick zu finden. Die letzte Frage bleibt offen: Hätte das Unternehmen nicht abgebrochen werden müssen, als es klar wurde, daß kein Erfolg zu erringen war? Der Verfasser dieser Studie glaubt nein. Ich meine, daß er recht hat, teils aus den Gründen, die er anführt, teils auch aus anderen.

General Sir John Hackett

Zur Person:
General Sir John Hackett, GCB, CBE, DSO, MC, B. Litt., MA, LLD (die Briten führen nach ihrem Familiennamen die erlangten Auszeichnungen und akademischen Grade auf; hier bedeuten die Abkürzungen: Knight Grand Cross of the Order of the Bath [mit dem persönlichen Adel verbunden], Commander of the Order of the British Empire, Distinguished Service Order [Militär-Verdienstorden], Military Cross; Bachelor of Letters, Master of Arts, Doctor of Laws), war Kommandeur der 4. Fallschirmbrigade in der Schlacht bei Arnheim, wo er schwer verwundet und mit einer Spange zum DSO ausgezeichnet wurde; diesen Orden hatte er bereits im Nordafrikafeldzug verliehen bekommen. Arnheim war einer der Höhepunkte in seiner glanzvollen Offizierslaufbahn, die in der Dienststellung als Oberbefehlshaber der britischen Rhein-Armee und der Heeresgruppe Nord der NATO gipfelte. Im Jahre 1968 wurde er pensioniert. Er ist nicht nur ein bedeutender Soldat, sondern zeichnet sich auch durch hervorragende Bildung und vielseitige Fähigkeiten aus. So hat er zum Beispiel am Cresta-Schlittenrennen in St. Moritz teilgenommen und war Präsident der britischen Classical Association. Er hat die Lees Knowles-Vorlesungen in Cambridge gehalten und die Präsidentenrede zur English Association. Er ist Ehrendoktor der Rechte von zwei Universitäten und seit 1968 Principal am King's College London.

Einleitung

Die Luftlandeunternehmung ist ein Kind des Zweiten Weltkrieges. Fallschirmtruppen – von den Italienern erfunden und von den Russen weiterentwickelt – wurden im Kampf erstmalig 1940/41 von den Deutschen eingesetzt. In diesen Jahren erfocht die brillant geführte Wehrmacht eine Reihe von blendenden Siegen über Nachbarn, die weder Krieg wollten noch sich angemessen zur Verteidigung gerüstet hatten. In Norwegen, Belgien, Holland und auf Kreta wurden diese Siege beschleunigt oder vollbracht mit einer Division Fallschirmjäger, einer Brigade in Seglern verladenen Luftlandetruppen und einer Infanteriedivision, die zur Landung auf dem Gefechtsfeld mittels Transportflugzeugen ausgebildet war. Diese Fallschirmjäger – zwar oft im Kampf gegen schwach ausgerüstete Gegner – bewiesen den Wert des Luftlandeeinsatzes, indem sie die Vorteile von Überraschung und Schockeffekt nutzten, unterstützt von Jagd- und Sturzkampffliegern, die bei Tageslicht den Mangel an schweren Unterstützungswaffen wettmachten.

Aber auf Kreta wurde auch folgendes offenbar: Wenn der Überraschungsangriff sein Ziel nicht erreichte, dann war mit einem Angriff nach Bereitstellung kein Erfolg zu erzielen wegen der beschränkten Mittel an schweren Waffen, die den Fallschirmjägern zur Verfügung standen. Die in Kreta dicht bevorstehende Niederlage konnte in einen Sieg umgewandelt werden, weil die Fehler einiger Alliierter Befehlshaber den Kommandeur der deutschen Fallschirmjäger, Generaloberst Kurt Student, in die Lage versetzten, seine Reserven an der schwachen Stelle der Alliierten zu landen.

Die Lehren von 1940 und 1941 waren klar genug. Der Erfolg der Luftlandetaktik hing ab von:

- der Ausnützung des Überraschungsmomentes,
- engster Zusammenarbeit zwischen der Luftwaffe – Transportfliegern und Jagdbombern – und den Luftlandetruppen,
- der Fähigkeit des Kommandeurs, den Ausgang des Kampfes durch richtigen Einsatz der Reserven zu beeinflussen, und schließlich
- der Kampftüchtigkeit der eingesetzten Truppe.

Und eine weitere unheilträchtige Tatsache war offenkundig: Gegen einen erfahrenen und entschlossenen Gegner – besonders in panzergünstigem Gelände – war das ganze Konzept von Luftlandeunternehmen äußerst gewagt.
Gerade dieser Gesichtspunkt war es, der die Alliierten 1943 und in der ersten Hälfte 1944 veranlaßte, ihre Luftlandeangriffe auf die unmittelbare Unterstützung von Erdkämpfen zu beschränken. Bei den Landeunternehmungen auf Sizilien und in der Normandie nahmen die britischen und amerikanischen Luftlandetruppen Gelän-

Arnheim, 16. September 1944, einen Tag vor den Luftlandungen. Oben rechts die Brücke von Arnheim (Südteil der Stadt).

Die westlichen Landezonen, 17. September 1944. Horsa- und Hamilcar-Lastensegler nach der Landung. Unten: Absprung der 1. Fallschirmbrigade.

Holländische Burganlage mit dem Fallschirm eines hier gelandeten englischen Fallschirmjägers.

Straßenkämpfe in den Außenbezirken von Arnheim. Unten: Deutscher Panzer beim Beschuß eines Hauses, das von Engländern verteidigt wird.

destreifen in Besitz, die direkt an oder nahe bei den angegriffenen Küstengebieten lagen. Die Alliierten handelten so wie ein Duellant, der angesichts eines Rüstung tragenden Gegners seinen Degen dazu benutzt, geschickt in die Scharniere zu stechen, statt zu versuchen, ihn zu durchbohren. Unter den obwaltenden Umständen war das vernünftig. Trotzdem hielten es einige Alliierte Befehlshaber – so auch Generalfeldmarschall Montgomery – für richtig, dann englisch-amerikanische Luftlandetruppen ebenso verwegen wie Fallschirmjäger in ihrer Glanzzeit einzusetzen, wenn der Feind erschüttert und vorübergehend desorganisiert war.

Dies ist der Bericht von dem einzigen Versuch der Alliierten, im Krieg gegen Hitlers Deutschland eine solch unwiederbringliche Gelegenheit für ein Luftlandeunternehmen auszunutzen und wie mit dem Degen den geschwächten Gegner zu durchbohren.

Die Brücke

Etliche Brände waren schon verglüht, hatten verkohlte Balken und ausgebrannte Gebäude hinterlassen, aber viele Häuser loderten noch heftig – Opfer der letzten Kämpfe. Große Teile des Stadtgebietes lagen in Trümmern, aber die Brücke war unversehrt geblieben als ein sichtbares Symbol der Hoffnung für ihre bedrängten Verteidiger. Eine gediegene Konstruktion aus Beton und Stahl – so überspannte sie den Rhein und trug die Straße über eine erhöhte Abfahrt in den Süden von Arnheim.

Die Verfassung der Soldaten, die dieses wichtige militärische Objekt hielten, war kaum weniger trostlos als der Zustand der zerstörten Häuser, in denen sie sich verteidigten. Vor drei Tagen waren sie aus ihren Camps in England abgeflogen und auf holländischen Boden abgesprungen – beinahe 70 Meilen hinter der deutschen Front. Nach dem Sammeln hatten sie sich planmäßig in Marsch gesetzt entlang der sieben Meilen langen Straße, die ihre Absprungzone von ihrem Angriffsziel trennte, und hatten nach einer Reihe heftiger Einzelgefechte, als eben die Nacht hereinbrach, das Nordende der Brücke in Besitz genommen. Den Südteil der Brücke aber konnten sie wegen gezielten Flak- und Maschinengewehrfeuers von deutscher Seite nicht nehmen. Die Männer des 2. Fallschirmbataillons und der unterstellten Einheiten der 1. Luftlandedivision richteten sich daher beiderseits der nördlichen Brückenabfahrt zu nachhaltiger Verteidigung ein. Von diesem Brückenkopf aus konnten sie dem Gegner die Benutzung der Brücke verwehren und sie gleichzeitig offenhalten für die Panzer der Garde-Panzerdivision, die die isolierten Fallschirmspringer entsetzen sollten. Jetzt, 72 Stunden nach Erreichen ihres Angriffszieles, am späten Nachmittag des 20. September 1944, hielten sie immer noch durch, aber mehr aus einer Mischung von Entschlossenheit, Disziplin, Stolz und Treue als wegen eines taktischen Nutzens oder gar echter militärischer Stärke. Um sie herum lagen tote deutsche Soldaten verstreut zwischen abgeschossenen Panzern und Schützenpanzerwagen – Zeugen der erbitterten Kämpfe gegen eine erschreckende Übermacht.

Im Kampf sind Soldaten oft der Überbelastung ihrer Nerven ausgesetzt – Aufregung, Furcht, angespannte Erwartung; und oft sind sie so übermüdet und hungrig, daß die auf ihnen lastende Erschöpfung ihre Wachsamkeit, das klare Denken und die notwendige Umsicht zum Überleben einschränkt. Der eine oder andere Einfluß überwiegt dauernd – drohende Gefahr unterdrückt die Abspannung, dann überwältigt Müdigkeit die Furcht – eine zermürbende Routine in jeder Form von Kampf. Sie verzehnfachte sich für den zusammengeschmolzenen Haufen von Fallschirmjägern, der seit drei Tagen beinahe ununterbrochen gegen die wachsende Zahl deutscher Panzer, Kanonen und Infanterie kämpfte. Als die Deutschen die Straße abriegelten, über die Oberstleutnant Frosts Soldaten die Brücke erreicht hatten, zählte seine Kampfgruppe ungefähr 700 Mann. Jetzt war die Kampfstärke auf unter 200 gefallen. Viele von ihnen waren verwundet, konnten aber weiterkämpfen: Solange ein Mann kampftüchtig war, focht er. Sie waren fast völlig erschöpft, hatten beinahe ihre letzte Munition verschossen, konnten aber noch einige weitere Angriffe zurückschlagen – wenn auch nur mit Mühe. Männer mit geschwärzten, schmutzigen Gesichtern spähten aus den Ruinen, blutunterlaufene Augen auf der Lauer nach einem Panzer im Hinterhalt oder einsickernder Infanterie. Und dann und wann wandten sie die Augen nach Süden über den Fluß hin, suchten voller Hoffnung die Gegend ab nach irgendeinem Anzeichen für die Panzer der Garde.

Diese hätten gestern eintreffen sollen entsprechend dem Zeitplan, der bei den Befehlsausgaben mit solcher Sicherheit bekanntgegeben worden war. Sie kamen nicht, aber ein Funkspruch wurde aufgenommen, der besagte, daß die Entsatzkräfte die Brücke am 20., dem vierten Kampftage, gegen 17 Uhr erreichen würden. Als die Fallschirmjäger auf ihre Uhren sahen, merkten sie, daß die Zeit ablief, und als sich später die Dämmerung über den trostlosen Schauplatz senkte, da waren sie sich insgeheim einig über die harte Wirklichkeit: Aus Gründen, die sie nicht kannten, war der Plan gescheitert. Sie waren nicht entsetzt worden »in 48–72 Stunden«.

Alle Anzeichen sprachen dafür, daß die Panzer niemals zur rechten Zeit kommen würden. Das war die zweite Enttäuschung, die die Verteidiger schlucken mußten. Die erste war schon am zweiten Tag entstanden, als klarwurde, daß die 1. Luftlandedivision offensichtlich nicht in der Lage war, von ihren Stellungen westlich Arnheim her Verstärkungskräfte zur Brücke durchbrechen zu lassen. Von britischen Soldaten, die in einem früheren heldenhaften Unternehmen kämpften, ist gesagt worden:

»Warum? – So fragen sie nicht.

Sie tun ihre Pflicht

Und sterben schlicht.«*

Nur wenige von den Männern an der Brücke versuchten nach dem »Warum« zu fragen: Sie verfluchten ihr Geschick und kämpften weiter. Sie hatten ihren Kampfauftrag erfüllt – der Brückenkopf war länger als gefordert gehalten worden. Jetzt blieb ihnen nur, ihn noch etwas länger zu halten, die Pflicht zu tun, wenn nötig, zu sterben, und die Erklärung anderen zu überlassen, warum die Panzer von Süden nicht gekommen waren und warum von den westlich Arnheim heil gelandeten 10095 Soldaten und 96 Geschützen der 1. Luftlandedivision nur 700 Mann und vier 6-Pfünder-Pak das Angriffsziel der Division – die Brücke von Arnheim – erreicht hatten.

* Englischer Originaltext: »Theirs not to reason why – Theirs but to do and die.«

Das Konzept

Am 10. September 1944 standen drei Kommandeure von Luftlandedivisionen um eine große Karte von Holland und erhielten die Einsatzbefehle von ihrem Kommandierenden General, Generalleutnant F. A. M. Browning. Generalmajor Maxwell Taylor und Brigadegeneral James Gavin, die die 101. bzw. 82. US-Luftlandedivision kommandierten, wurden in dieser Reihenfolge instruiert und dabei auf der Lagekarte von Süden nach Norden immer tiefer in vom Feind gehaltene Gebiete geführt. Schließlich zog General Browning einen Kreis um eine Stadt ganz im Norden der Karte und wandte sich Generalmajor Roy Urquhart zu, der die 1. britische Luftlandedivision führte: »Die Brücke von Arnheim«, sagte er knapp, »sie ist zu halten!«

Die 1. Luftlandedivision bestand aus

Brigadier Gerald Lathburys 1. Fallschirmjägerbrigade, deren kämpferisches Können die Deutschen in Tunesien dazu geführt hatte, seine Soldaten »Rote Teufel« zu nennen;

Brigadier »Pip« Hicks' 1. Luftlandebrigade, Lastensegler-verladene Truppen, die 1943 bei Syrakus auf Sizilien gelandet waren;

Brigadier »Shan« Hacketts 4. Fallschirmjägerbrigade, die in Italien als Infanterie gekämpft hatte, aber nie im Kampf abgesprungen war, und aus Generalmajor Stanislaw Socabowskis neugebildeter polnischer Fallschirmjägerbrigade, die für das bevorstehende Unternehmen der 1. Luftlandedivision unterstellt worden war.

Die Divisionstruppen bestanden aus: Artillerie-, Pionier-, Fernmelde-, Sanitäts- und Versorgungseinheiten sowie einer leichten Aufklärungskompanie, die mit Jeeps motorisiert war. General Urquhart hatte das Kommando vor acht Monaten übernommen. Zwar war er gestählt in der strengen Schule des Infanteriekommandeurs im Nahen Osten, hatte aber bisher keine Luftlandeerfahrung, neigte man doch zu jener Zeit zu der Meinung, daß jeder gute Frontoffizier ohne weiteres die Zügel eines solchen Kampfes führen könne. Aber wenn man eine Luftlandedivision mit einem Degen vergleichen kann, dann ähnelt eine Infanteriedivision einem Streitkolben; sie sind völlig unterschiedlich zu verwenden.

Der von General Browning vorgetragene Operationsplan verlangte vom I. Luftlandekorps die Wegnahme der Übergänge über die Flüsse und Kanäle, die die britische 2. Armee von ihrem Angriffsziel, der Zuidersee, trennten, indem es so eine Art von »Luftlandeteppich« für die Erdtruppen legte. Dies war die Operation »Market«. Die Wasserhindernisse umfaßten die Flüsse Maas, Waal und Rhein. Über die Rheinbrücke bei Arnheim führte die Straße nach Norden zum letzten Angriffsziel, und dieses lag fast 70 Meilen vor der Front der 2. Armee. Sobald die

Luftlandungen begannen, sollte Generalleutnant Brian Horrocks' XXX. Korps nach Norden über den »Teppich« – in der Operation »Garden« – einen Korridor zu einem Brückenkopf nördlich des Rheins freikämpfen. Von dort aus hätten die Armeen nach rechts einzuschwenken, um in das Innere Deutschlands vorzustoßen – zu einem Sieg noch im Jahre 1944. Dieses kombinierte Unternehmen wurde »Market Garden« genannt; es sollte am 17. September beginnen.

Als Feldmarschall Montgomery bei seinem Oberbefehlshaber, General Eisenhower, den Vorschlag für »Market Garden« durchgesetzt hatte, hielten die Deutschen ihre Front in Holland mit nur einer schwachen Division fast ohne Reserven. Dies war die seltene und unwiederbringliche Gelegenheit, in der ein Unternehmen dieser Art gute Aussichten auf Erfolg hatte. Der Feind hatte in Frankreich eine verheerende Niederlage erlitten, in der er den größten Teil seiner im Westen eingesetzten Kräfte verloren hatte und anfällig für einen K.o.-Schlag war. Schon hatten die Alliierten Armeen die zurückweichende Wehrmacht im Süden bis über die Mosel und im Norden bis über die Somme zurückgedrängt. Im August und Anfang September 1944 schienen zwar die britischen und amerikanischen Divisionen unwiderstehlich zu sein, tatsächlich aber war ihre Fähigkeit, die Offensive weiterzuführen, durch Nachschubschwierigkeiten stark beeinträchtigt. Alles, was sie brauchten – Benzin, Munition, Verpflegung, Fahrzeuge und Ausrüstung –, wurde über Cherbourg oder über die Invasionsküsten auf den Kontinent gebracht, reichte aber nicht aus, bis weitere Häfen, insbesondere Antwerpen, in Gebrauch genommen werden konnten.

Der Oberbefehlshaber konnte zwischen zwei Möglichkeiten für die Fortführung der Operationen wählen: entweder die Kampfkraft der Truppe zu stärken, weitere Häfen einzurichten, eine solide logistische Basis aufzubauen und dann auf breiter Front mit der gesamten Durchschlagskraft der Alliierten zum Angriff anzutreten; oder aber alle sofort verfügbaren Kräfte einschließlich der dazugehörigen Logistik für eine Offensive zu konzentrieren und zu versuchen, den angeschlagenen Feind niederzuringen, bevor er sich erholt hatte. Beide Entschlüsse waren vertretbar. Leider wurde die Entscheidung für Montgomerys Plan verzögert, und als sie gefällt wurde, war sie eingebettet in einen weitgefaßten Operationsplan ohne eindeutigen Schwerpunkt: »Market Garden« lag gedanklich zwischen den zwei erfolgversprechenden Operationsplänen. Das allerschlimmste aber war, daß inzwischen so viel Zeit verstrich. Bis zur zweiten Septemberwoche hatten die Deutschen ihre Verteidigung versteift und hatten Generaloberst Students 1. Fallschirmjägerarmee eingeschoben, die nun zwischen Horrocks und dem Rhein stand. Außerdem wurde zufällig gerade das II. SS-Panzerkorps nördlich und ostwärts von Arnheim wieder aufgefüllt. Obwohl von geringer Kampfstärke an Panzern und Soldaten, waren die 9. und 10. SS-Panzerdivision im Armeekorps des SS-Obergruppenführers und Generals der Waffen-SS Wilhelm Bittrich kampferfahren und straff geführt. In ihrer Nähe zu operieren würde eine große Gefahr für Luftlandetruppen mit leichter Bewaffnung und Ausrüstung bedeuten. Immerhin war »Market Garden« noch ein ziemlich erfolgversprechendes Unternehmen, allerdings nur, wenn die Luftlandungen und die Angriffe der Heeresverbände genau wie ein Uhrwerk abliefen. Was war denn nun so entscheidend schlecht gelaufen zwischen der ersten Befehlsausgabe am 10. September und der verzweifelten Lage, in die die schwache Luftlandeeinheit, die die Brücke bei Arnheim hielt, zehn Tage später kam? Welche Antworten kann man jetzt auf die folgenden Fragen geben: Warum waren die Panzer des XXX. Korps nicht zur Stelle, um den Brückenkopf zu entsetzen, und warum mußte die Verteidigung der Brücke mit nicht einmal einem Vierzehntel der Luftlandetruppen durchgeführt werden, die mit ebendiesem Auftrag abgesetzt worden waren?

Der Angriff der Bodentruppen

Am 17. September um 13 Uhr 30, kurz nachdem die Luftlandungen begonnen hatten, griffen die Panzer der Irischen Garde an der Spitze des XXX. Korps entlang der Straße Richtung Arnheim an. Vor ihnen wälzte sich feindwärts eine Wand von Geschossen aus 350 Rohren, die Feuerschutz gaben. Aus gut gewählten Stellungen eröffneten deutsche Panzerabwehrbatterien mit ihren 8,8-cm-Geschützen das Feuer auf die Panzer und fügten ihnen Verluste zu. 200 RAF-Typhoon-Jagdbomber brachten dann aber diejenigen Panzerabwehrgeschütze zum Schweigen, die von den Gardesoldaten ausgemacht worden waren, und der Angriff ging wieder vorwärts. Unternehmen »Garden« verlief von Anfang an unter außerordentlich harten und zähen Kämpfen. Das flache und tiefliegende Gelände in Holland zwang die Panzer und ihre Nachschubfahrzeuge auf die Straßen. Diese führten gleich Dämmen durch die überfluteten Felder, und alles, was sich darauf bewegte, lag wie auf dem Präsentierteller vor den Zieleinrichtungen der deutschen Kanoniere. Ursprünglich als ein blitzartiger Vorstoß geplant, der die Anfang September nur kümmerlichen Verteidigungsstellungen hinwegfegen sollte, zwang dieser Angriff in der Praxis

jedoch zu einer schier unaufhörlichen Reihe von unge-
wöhnlichen und heftigen Gefechten. Ungewöhnlich, weil
wegen der Art des Geländes eine saubere Entwicklung der
Panzer abseits der Straßen unmöglich war, wo sich sonst
deren größere Beweglichkeit und Feuerkraft als unwiderstehlich erwiesen haben würden. Heftig, weil jeder Mann
von General Horrocks bis zum jüngsten Gardesoldaten
wußte, daß jede Stunde Verspätung die Hoffnung der
Fallschirmtruppen auf Entsatz vermindern würde.

Glücklicherweise hatten die amerikanische 82. und 101.
Luftlandedivision alle wichtigen Angriffsziele – bis auf eines – in Händen. So führte der Luftlandeteppich die
Garde-Panzerdivision – Horrocks' Spitze – über alle Wasserhindernisse zwischen ihrer Ablauflinie und Arnheim –
bis auf eines. Die wichtige Brücke, die den Waal bei Nimwegen überspannt, blieb fest in deutschen Händen. General Gavin hatte eine Reihe von Aufträgen bekommen, die
über die Kräfte seiner und jeder anderen Division gegan-
gen war. General Browning anerkannte das und hatte daher bei seiner Befehlsausgabe klargemacht, daß die Waal-
brücke den niedrigsten Rang habe und nur zu nehmen sei,
wenn das ohne Risiko für andere Aufträge gelänge. Die
deutsche Abwehr war in der Tat sehr hartnäckig, und Gavin hatte unzureichende Reservekräfte, um die Waal-
brücke in die Hand zu bekommen. Die Gardetruppen erreichten Nimwegen am 19. September. Wenn sie ohne
weiteres über den Waal hätten kommen können, dann
würde die Hoffnung bestanden haben, Arnheim gegen
Mittag des nächsten Tages zu erreichen – also innerhalb
der 72 Stunden, die höchstens veranschlagt worden waren.

Aber es war schon dunkel am 20., als die amerikanischen Luftlande- und britischen Panzerkräfte in einem außerordentlich mutigen und erfolgreichen gemeinsamen Angriff die Nimwegenbrücke in Besitz nahmen. Dieser Erfolg wurde wesentlich dadurch ermöglicht, daß die Deutschen nicht in der Lage waren, ihre Verteidigungskräfte am Waal zu verstärken, weil ihre Panzer nördlich des Rheins standen und die britischen Luftlandetruppen die Rheinbrücke sperrten.

Die Garde-Panzerdivision ist dafür kritisiert worden, daß sie erst bei Tageslicht angegriffen und ihren Angriffsschwung beim Vorgehen auf Nimwegen nicht dauernd durchgehalten hat und so wertvolle Stunden vergeudete, die es den deutschen Verteidigern ermöglichten, Vorbereitungen für die Abwehrkämpfe am nächsten Tag zu treffen. Wiederum trat in der Nacht des 20. Stille auf dem Schlachtfeld ein. Neun Meilen weiter nördlich lief die Zeit für die Verteidiger an der Arnheimbrücke ab. Bei Tagesanbruch am 21., als der Panzerangriff weiterging, war diese Verteidigung zusammengebrochen. Tatsächlich gelang es bei dem Angriff am 21. nicht, die deutsche Stellung auf der Betuwe-Insel zwischen Rhein und Maas zu nehmen. Am 22. ließ Horrocks seine 43. (Wessex-)Division die Angriffsspitze übernehmen, weil er hoffte, Infanterie würde da erfolgreich sein, wo Panzer versagt hatten. Sie schaffte es auch, aber nur unter Schwierigkeiten, und es war Nacht geworden, als das vorderste Bataillon den Süddeich des Rheins erreichte. Die Stelle am Deich, an der sie anlangten, war aber nicht die Arnheim-Straßenbrücke, sondern fünf Meilen entfernt davon, südwestlich von einem kleinen Städtchen mit Namen Oosterbeek. Sie waren in dieser Richtung vorgegangen, weil sie wußten, daß die Brücke nicht mehr in britischer Hand war, und weil unmittelbar nördlich des Rheins in einer engen Igelstellung, die sich vom Rheindeich eineinhalb Meilen nach Norden erstreckte, die Reste des »Gros« der 1. Luftlandedivision verzweifelt um ihr Leben kämpften.

Jetzt müssen wir aber die Uhr zurückdrehen, um festzustellen, warum diese Division diesen Kampf fünf Meilen entfernt von ihrem Angriffsziel ausfocht.

Verteidigung der Igelstellung bei Oosterbeek (1. Luftlandedivision). Unten:
3-Zoll-Granatwerfer im Einsatz.

RAF-Luftaufklärungsaufnahme nach dem Abschuß von deutschen Panzerspähwagen und Halbkettenfahrzeugen an der Nordauffahrt der Brücke durch die Soldaten des Oberstleutnant Frost (2. Fallschirmbataillon).

Abgeschossener englischer Lastensegler. Unten: Deutsche Fallschirmjäger mit einem erbeuteten US-Jeep.

Der Luftlandeplan

Als General Urquhart am 10. September nach der Befehlsausgabe durch General Browning langsam zu seinem Wohnwagen zurückging, war die erregende Aussicht, seine Division während des herausforderndsten Luftlandeauftrages der Geschichte zu führen, zu einem Teil von zwei Problemen überschattet, auf die Browning ihn besonders aufmerksam gemacht hatte. Das eine war der Mangel an Lufttransportraum für die Soldaten seiner Division, das andere betraf die Meinung, daß die deutsche Flugabwehr im Raum Arnheim eine Landung in Brückennähe beiderseits des Flusses verhindern würde. Sein Auftrag aber war kurz und bündig und lag genau im Bereich der Möglichkeiten der von ihm befehligten Truppen. Mit seinem Chef des Stabes, Charles Mackenzie, und in Zusammenarbeit mit seinem Luftwaffenpartner, Generalmajor »Holly« Hollinghurst, der die RAF-Lufttransportflotte führte, ging er an die Ausarbeitung seines Divisionsbefehls.

Luftlandeunternehmen plant man am besten mit Blick vom Ziel aus. Man fängt mit den erdtaktischen Absichten an, also dem Ziel des ganzen Unternehmens. Ist entschieden, bis wohin die Einheiten vorgehen sollen, dann wird der Landeplan ausgearbeitet, nach dem Truppen und Ausrüstung für die Belange des Erdkampfes nach Ort und Zeit so abgesetzt werden, daß die Angriffsziele mit größter Wahrscheinlichkeit genommen werden können. Da Überraschung entscheidend ist, sollen normalerweise Absetz- und Landezonen möglichst nahe bei den Angriffszielen liegen. Zum Schluß kommen dann die Pläne für die Lufttransportbewegungen und die Versammlung. Der erstere enthält die wichtige Entscheidung des verantwortlichen Truppenführers, wie der vorhandene Transportraum am besten zu nützen ist, das heißt also die Festlegung von Prioritäten für die Einheiten sowie für Soldaten einerseits und für Waffen, Fahrzeuge und Ausrüstung andererseits. Luftwaffengesichtspunkte beeinflussen gewöhnlich die Phasen der Landung und der Lufttransportbewegungen.

Manchmal wird ein Meinungsstreit zwischen Heeres- und Luftwaffenkommandeur entstehen, zum Beispiel über Zeit und Ort der Landung. Im Idealfall muß dieser durch den Offizier entschieden werden, der für die Gesamtführung des Unternehmens verantwortlich ist – in diesem Fall Browning –, der ein Risiko gegen das andere abzuwägen hat und zu einer Entscheidung kommen muß, die beide Teilstreitkräfte bindet.

Urquharts erdtaktischer Befehl verlangte von der 1. Fallschirmbrigade, die Brücke zu halten; von der 4. Fallschirmbrigade, die Höhen hart nördlich von Arnheim zu besetzen; von der 1. Luftlandebrigade und der polnischen Fallschirmbrigade, Stellungen in den westlichen und ostwärtigen Außenbezirken der Stadt zu beziehen. Feldartillerie und Panzerabwehrgeschütze sollten die Abwehr verstärken. Wer möchte bezweifeln, daß die Verwirklichung dieses Planes das Offenhalten der Brücke von Arnheim für das XXX. Korps nicht ermöglicht hätte, selbst wenn dessen Angriff zweimal so lange gedauert hätte? Die Gründe für den Einsatz von zahlenmäßig nur einem Vierzehntel der vorgesehenen Truppenstärke kann man darin sehen, daß die Lande- und Lufttransportplanungen die notwendige Unterstützung für den Erdkampf nicht sicherstellten und daß der Einsatz der Reserven nicht beweglich genug geplant war.

Geeignete Lande- und Absprungzonen gab es in einem offenen Gelände unmittelbar südlich der Brücke, das von Gräben durchschnitten war; in einer Lichtung nördlich des Flusses, zwei Meilen nach Osten; in Heideland südlich des Flugplatzes von Deelen, vier Meilen nördlich von Arnheim, und in einem ausgedehnten Gebiet festen und trockenen Bodens nördlich des Flusses, durchschnittlich sieben Meilen westlich. Der Flugplatz von Deelen war nach unseren Erkenntnissen durch Flakartillerie geschützt, und Bomberbesatzungen, die über Arnheim geflogen waren, hatten Beschuß aus dem Stadtgebiet gemeldet. Die Kenntnis über den deutschen Flakeinsatz war jedoch sehr dürftig. Holländische Verbindungsoffiziere hatten warnend darauf hingewiesen, daß die Zone südlich der Brücke für Segelfluglandungen zu weich und außerdem von Entwässerungsgräben durchzogen sei.

Urquhart war damit einverstanden, die nördliche Zone nicht in Betracht zu ziehen, weil sie ersichtlich ein unnötiges Risiko bot. Er ließ auch gelten, daß die südlichen und ostwärtigen Gebiete für Massenlandungen von Segelflugzeugen ungeeignet seien, und entschied, diese auf die weiträumigen, aber entfernteren Landezonen weiter westlich anzusetzen. Es lag ihm sehr daran, die 1. Fallschirmbrigade mit möglichst geringem Verlust an Überraschungseffekt an die Brücke heranzubringen. So forderte er von der RAF, diese Brigade beiderseits des Flusses möglichst nahe an der Brücke abzusetzen. Das war für die Luftwaffe unannehmbar: Flak auf den An- oder Abflugstrecken oder sogar auf beiden wurde als ein zu großes Risiko für die verwundbaren Truppentransportmaschinen voller Fallschirmjäger angesehen. Dieser triftige Gesichtspunkt verlangte einen Entschluß, der im Idealfall von General Browning hätte gefaßt werden müssen, unter Abwägung von zwei Risiken: entweder unter Flakbedrohung recht nahe am Ziel zu landen, oder die Zerstörung der Brücke vor ihrer Inbesitznahme in Kauf zu nehmen, dafür aber die Landerisiken durch Benutzung der westlichen Absetzzonen zu verringern, wobei der Ausfall des Überraschungseffektes das Erreichen des Angriffszieles verlustreich und schwierig machen könnte.

General Urquhart wurde kritisiert, weil er den Gesichtspunkten der RAF folgte, ohne die strittigen Fragen zunächst mit seinem Kommandierenden General zu erörtern. General Browning jedoch kannte alle Details dieses Meinungsstreites und die möglichen schweren Folgen für das Unternehmen »Market«. Auf der einen Seite teilte er Urquharts Ansicht, daß das Risiko einer Landung so weit vom Angriffsziel tragbar war, andererseits wußte er, daß er ebensowenig wie sein Untergebener die RAF von ihrem Standpunkt abbringen konnte. Browning führte zwar die Erdoperationen verantwortlich, aber er hatte keine Befehlsgewalt über die Truppentransporterflotte. Nach der Landung auf Sizilien war in einem gemeinsamen Memorandum des Kriegs- und des Luftfahrtministeriums* verfügt worden, daß *Luftlandeunternehmen Luftwaffenunternehmungen* seien und daher gänzlich vom Luftwaffenbefehlshaber geführt werden müßten. So konnte der rangälteste RAF-Offizier, ohne eine Verantwortung für den Ausgang des Erdkampfes zu tragen, doch entscheiden, wie die Truppe gelandet werden sollte. Aus heutiger Sicht kennen wir die vielen Schwierigkeiten, die auf die 1. Luftlandedivision zukommen sollten (insbesondere das II. SS-Panzerkorps, über das General Urquhart recht wenig wußte). Wir sind daher versucht zu meinen, daß der Divisionskommandeur seinem Kommandierenden General, General Browning, die Aufgabe des Unternehmens hätte vorschlagen müssen, wenn nicht wenigstens ein Teil seiner Truppen nahe dem Angriffsziel gelandet werden konnte. Aber damals lag eine so drastische Entscheidung gar nicht im Bereich des Möglichen.

Während der Kämpfe in der Normandie lag die 1. Luftlandedivision in Reserve, war aber für nicht weniger als sechzehn Unternehmungen alarmiert worden, die dann wieder abgesagt wurden. Wenn man sich vorstellt, was es bedeutet, für einen Zivilflug sechzehnmal aufgerufen und

* Im Originaltext: War Office-Air Ministry. Das War Office vertrat die Belange des Heeres.

immer wieder auf den nächsten vertröstet worden zu sein, dann kann man ermessen, wie die dauernden Annullierungen auf die Division gewirkt haben. General Urquhart berichtete, daß »sich schon Anzeichen dieser gefährlichen Mischung von Langeweile und Zynismus in unser tägliches Leben einzuschleichen begannen«. Das Unternehmen »Market« war in England geplant worden auf der Grundlage von nachweislich zu optimistischen Nachrichten über den Feind, und die ungeduldigen Fallschirmtruppen waren bereit und willig, angesteckt von der allgemeinen Volksstimmung, der Krieg sei so gut wie gewonnen, jede Aufgabe zu übernehmen und dabei beinahe jedes Risiko einzugehen, um vor Schluß am Kriegsgeschehen noch teilhaben zu können. Im nachhinein können wir sehen, welch großer Fehler es war, die ganze Division sieben und mehr Meilen vom Angriffsziel entfernt zu landen. Aber wenn auf Urquharts Vorschlag das Arnheim-Unternehmen abgesagt worden wäre, würden dann nicht wir mit unserer besseren Einsicht ihn als einen Mann mit Mangel an Initiative, Entschlossenheit und »Fallschirmjägergeist« ansehen? Wie seine Offiziere und Soldaten ihn beurteilt haben würden, braucht nicht erörtert zu werden. Wenn man Schuld abwägen will, dann müssen sowohl Browning als auch Hollinghurst diese mit Urquhart tragen. Aber tatsächlich lag der Fehler in dem unbefriedigenden System einer gemeinsamen Verantwortung, das keinen klaren Oberbefehl ermöglichte.

Den Lufttransportplan bestimmten zwei Hauptgesichtspunkte: der Mangel an Truppentransportflugzeugen und das Unvermögen der amerikanischen Flugzeugbesatzungen, nachts mit unbedingter Genauigkeit zu fliegen. Die britischen Luftlandetruppen hatten 149 USAAF und 130 RAF C-47-Dakotas und 240 umgerüstete RAF-Bomber zu ihrer Verfügung. Von letzteren zweigte Browning 38 ab als Schlepper von Lastenseglern für seinen vorgeschobenen Korpsgefechtsstand – eine zwar menschlich, aber nicht unbedingt militärisch verständliche Entscheidung. Jedenfalls verlor General Urquhart dadurch Transportraum für ein Bataillon. Wie dem auch sei, wenn man bedenkt, daß die Bomber 29 Mannschaftssegler vom Typ Horsa und die noch größeren Hamilcars schleppten, dann war der Lufttransportraum für die 1. Luftlandedivision größer als für jede der beteiligten US-Divisionen in bezug auf die Menge von Soldaten und Material, die mit der ersten Welle abgesetzt werden konnte. Aber während die 82. und 101. US-Division mehr als drei Viertel ihres Transportraumes am ersten Tag der Infanterie zur Verfügung stellten, bestimmte die 1. Luftlandedivision nur die Hälfte ihrer Kapazität dafür. So konnte jede amerikanische Division im Laufe des Tages mit drei einsatzbereiten Brigaden rechnen, während der britische Plan nur die 1. Fallschirmbrigade und die 1. Luftlandebrigade, letztere ohne zwei Kompanien, für den Kampf am 17. September vorsah. Es scheint so, als ob der britische Stab bei der Planung des Lufttransportes mit vorwiegend Segelflugzeugen seinen Kampfeinheiten den Luxus von so viel Jeeps, Krädern und schwerem Gerät gestattete, wie diese tragen konnten, ohne auf die zwingenden Kampferfordernisse zu achten, das heißt, neben einer kleinen Anzahl sorgfältig ausgewählter schwerer Lasten jede Menge von Kämpfern anzulanden.

Obgleich die Generale Hollinghurst und Urquhart über den Landeplatz verschiedener Meinung waren, erstrebten beide zwei Transporte am ersten Tag, um dadurch die Nachteile einer zu kleinen Lufttransportflotte möglichst zu verringern. Aber in diesem Bestreben trafen sie auf den Widerstand von General Brereton, dessen 1. Luftlandearmee aus allen alliierten Luftlandetruppen und Truppentransportern bestand. Da Brereton die begrenzten Fähigkeiten seiner amerikanischen Flugzeugbesatzungen bei Nachtflügen kannte, widersprach er dem Vorschlag von zwei Transporten, die sowohl Nachtflüge als auch Ermüdung der Besatzungen bedeutet haben würden. Daher mußte die Lande- und Lufttransportplanung einen zweiten Flug am 18. vorsehen und einen dritten am 19. September, weil eine Brigade noch fehlte.

Um Flakbedrohung zu vermeiden, hatte die RAF der Zone südlich des Flusses für die Fallschirmlandung zugestimmt und gab ihr den Kenn-Buchstaben »K«. So konnte vom 18. September an das Absetzen von Reserven auf dem Kampffeld entweder über die westlichen Zonen oder die Zone »K« erfolgen. Leider war die Planung dieser Flüge phantasielos und starr, weil sie den Vorteil der Luftbeweglichkeit für Luftlandereserven vergab, nämlich die Möglichkeit, den Ausgang eines Kampfes durch deren zeitlich und örtlich richtigen Einsatz zu beeinflussen. Ein Zeitplan war aufgestellt worden, nach dem am 18. September morgens die 4. Fallschirmbrigade und der Rest der 1. Luftlandebrigade in den westlichen Zonen, die Polen am 19. in der Zone »K« landen sollten. Wieviel besser wäre es gewesen, wenn man nur einen Rahmenbefehl gegeben hätte mit der Ankündigung, daß alle Reserven kurzfristig auf jeden Einsatzbefehl vorbereitet sein müßten, der vom Gefechtsfeld per Funk übermittelt würde. Eine der Folgen dieser Planung war, daß General Urquhart es für nötig hielt, die Hälfte der mit der ersten Welle abgesetzten Infanterie – die Luftlandebrigade – zum Schutz der westlichen Zonen zurückzuhalten. Das ließ ihm nur die 1. Fallschirmbrigade, ein Viertel seiner Kräfte, um den Divisionsauftrag in den ersten 24 Stunden zu erfüllen.

Die Vereinbarungen zur unmittelbaren Luftunterstützung für die Luftlandetruppen im weiteren Verlauf des Kampfes waren betrüblich unzureichend. Zur 83. RAF-Gruppe, deren Kampfbomber über Holland operierten, hatte man keine straffe Verbindung hergestellt. Fliegerleittrupps waren rar, schlecht ausgebildet und mit Funkgeräten ausgerüstet, die dann nie richtig arbeiteten. Und General Browning fügte sich einer Luftwaffenregelung, die die 83. Gruppe von der Unterstützung seines Korps jeweils dann ausschloß, wenn Truppentransportflugzeuge und deren Begleitschutz über dem Kampfgebiet waren.

So wurden von den vier Lehren aus den erfolgreichen deutschen Luftlandeunternehmen der Jahre 1940 und 41 bei der Planung von Arnheim drei mißachtet: Auf Überraschung hatte man verzichtet; die Zusammenarbeit innerhalb der Luftwaffe – Transportverbände und Kampfbomber – war nicht eng genug; und die Fähigkeit des Kommandeurs, den Ausgang des Kampfes durch geschickten Einsatz der Reserven zu beeinflussen, kam nicht zum Tragen. Lediglich im Kampfgeist der Truppen und Flugzeugbesatzungen konnte es die 1. Luftlandedivision mit den Fallschirmjägern aufnehmen. Aber der Widerstand, der sie erwartete, war von ganz anderer Ordnung als der, dem sich die deutschen Luftlandetruppen je gegenübergesehen hatten.

Die deutschen Verteidigungsmaßnahmen

Nach dem Krieg war die Vermutung aufgetaucht, das Unternehmen »Market« sei den Deutschen von dem holländischen Verräter Christiaan Antonius Lindemans verraten worden. Die in der Tat von ihm gelieferte Information wurde aber von den Deutschen als unzuverlässig erachtet und kam auch zu spät. Glücklicher Zufall jedoch, dieser unbeständige Saboteur und freundliche Helfer versorgte die Deutschen mit den vollständigen Befehlen für das I. Luftlandekorps.

Der größte Teil der alliierten Truppentransportflotte flog direkt über den Gefechtsstand von Generaloberst Student. Der Mann, der die Fallschirmjäger in ihren ruhmreichen Tagen geführt hatte, starrte neiderfüllt auf die majestätische Armada, die über ihm hinwegzog. Während er seinem Chef des Stabes gerade auseinandersetzte, wie gern er eine so machtvolle Luftlandestreitmacht zu seiner Verfügung gehabt hätte, durchsuchten einige seiner Leute das Wrack eines unweit nördlich abgeschossenen Segelflugzeuges der 82. US-Division. Sie fanden darin bei einem gefallenen Offizier die Einsatzbefehle; diese lagen innerhalb weniger Stunden auf Students Tisch. So kannte die deutsche Führung vom ersten Abend an Stärke, Gliederung und Absichten der alliierten Luftlandedivisionen.

Students Oberbefehlshaber war Generalfeldmarschall Walter Model, ein hervorragend befähigter und erfahrener Offizier, der kürzlich den Befehl über die Heeresgruppe B übernommen hatte, die nördlichere der beiden Heeresgruppen im Westen. Models Hauptquartier lag bei Oosterbeek zwischen Arnheim und den westlichen Landezonen. Er wollte sich gerade zum Mittagessen hinsetzen, als eine Meldung eintraf, daß alliierte Luftlandungen zwei bis drei Meilen westlich erfolgten. Sofort ordnete er die Verlegung seines Hauptquartiers an, fuhr selbst nach Arnheim, machte auf Generalmajor Kussins Gefechtsstand halt, um die Lage nach Berlin zu melden, und begab sich dann nach Doetinchen, wo der Gefechtsstand von Bittrichs II. SS-Panzerkorps lag.

Model und Bittrich erkannten schnell die Bedrohung durch die Landungen der 1. Luftlandedivision. Sie beschlossen, Oberst Harzers schwache 9. SS-Panzerdivision anzusetzen mit dem Auftrag:

– aufzuklären Richtung Arnheim und Nimwegen,
– den Raum Arnheim zu besetzen sowie
– die britischen Kräfte anzugreifen und zu vernichten.

Zusammenfassend wurde befohlen: »Ziel ist, die Brücke von Arnheim unbedingt zu halten.« Die 10. SS-Panzerdivision erhielt den Auftrag, die Amerikaner südlich des Waal in Nimwegen zu fesseln. Als die beiden Generale später von den erbeuteten alliierten Einsatzbefehlen erfuhren, stellten sie mit Genugtuung fest, daß ihre Anordnungen mit nur kleinen Änderungen aufrechterhalten werden konnten.

Inzwischen war Kussin in seinem Wagen abgefahren, um die Lage und den Einsatz der Briten zu erkunden. Auf der Straße nach Westen stieß er auf SS-Sturmbannführer Sepp Krafft, Kommandeur eines SS-Ausbildungsbataillons. Krafft berichtete, daß er auf die Landung der britischen Fallschirmtruppen mit Entfaltung seiner an sich schwachen Einheiten geantwortet habe, indem er sie wie einen Sicherungsschleier zwischen die Landungszonen und Arnheim geschoben habe, um die Angriffsbewegung zu verzögern und weitere Feindnachrichten zu sammeln. Kussin stimmte diesen Maßnahmen zu und fuhr weiter auf der Straße nach Oosterbeek. Es sollte seine letzte Fahrt werden.

Die Luftlandungen

Die Landungen der ersten britischen Welle waren fast durchweg fehlerlos verlaufen. Der Nebel über den englischen Flugplätzen hatte sich rechtzeitig gehoben für den Start um 9 Uhr 45, und die Wetterbedingungen waren allgemein gut. Von den 320 Segelflugzeugen, die gestartet waren, verfehlten nur 39 ihren Bestimmungsort als Folge des Flugrisikos und technischer Mängel. Im ersten Transport ging kein Flugzeug oder Segler durch Feindeinwirkung verloren. Die Führungseinheit der 1. Luftlandedivision war Major B. A. Wilsons selbständige Fallschirmkompanie – die Pfadfinder. Ihre Aufgabe war es, zwanzig Minuten vor X-Zeit zu springen und die Lande- und Absprungzonen zu markieren, damit die Flugzeugbesatzungen der Hauptkräfte diese leichter erkennen konnten. Wilson erinnerte sich:

»Ich werde diesen schönen Sonntagmorgen nie vergessen. Alles schaute so friedlich aus. Kühe grasten ruhig auf den Feldern, und Bauern gingen ihrer Arbeit nach. Nicht ein Zeichen von Kampf oder Krieg. Keine Spur vom Feind.« Aber kaum hatte er seinen Piloten auf die Ruhe während des Anfluges aufmerksam gemacht, als ihr Stirling-Flugzeug von in der Nähe detonierenden Flakgeschossen erschüttert wurde. Kurz darauf führte er seine Leute unverzüglich durch die sechs Fuß hohe Luke nach draußen. Die Fallschirme, die mittels einer Leine im Flugzeug festgehakt waren, öffneten sich automatisch, sobald nach kurzem Fall der Fallschirmsack abgerissen wurde. Unter leichtem Infanteriefeuer schaukelten die Soldaten rasch der Erde zu. Zwei Mann wurden in der Luft getroffen. Wilson landete und befreite sich so rechtzeitig von seinem Fallschirm, daß er die Kapitulation eines deutschen Soldaten entgegennehmen konnte. Dieser führte ihn zur Stellung seiner Gruppe, wo eine Anzahl von anderen mutlosen Soldaten sich nur zu gern ergab. Die »Pfadfinder« setzten ihre Leuchtfeuer aus, markierten damit die Zonen und warteten gespannt auf die Hauptkräfte. Bald kündete auch schon das Dröhnen der Maschinen die Ankunft der 1. Luftlandebrigade und der in Segelflugzeugen verladenen Einheiten der Division an. Der Wind über den Landezonen war schwächer als erwartet und ließ daher einige Segler übers Ziel hinausschießen und in Bäumen landen. Zwei Hamilcars kamen auf weichem Boden auf und überschlugen sich. Aber das waren die einzigen Unfälle. Insgesamt verliefen die Landungen der Segelflugzeuge am 17. September erfolgreicher als bei irgendeinem früheren großangelegten Unternehmen oder Manöver. So war es auch beim Absprung der 1. Fallschirmbrigade. Die amerikanischen C-47- (oder Dakota-)Transporter flogen in enger Formation – neun nebeneinander. Neunzehn Fallschirmjäger sprangen aus jeder Maschine, und die Landung war genau und massiert. Die Überraschung war vollständig, Landeverletzungen blieben gering, und eigentlich jeder begann den Kampf am rechten Ort und zur rechten Zeit. Insoweit schien der Entschluß gerechtfertigt, nur die Zonen einige Meilen westlich von Arnheim zu benutzen.

Oberstleutnant John Frost sammelte seine Leute und trat mit seinem 2. Fallschirmbataillon Richtung Arnheim-Straßenbrücke an. Es war vorgesehen, daß die Divisionsaufklärungskompanie einen ersten Vorstoß auf das Angriffsziel machen sollte. Mehrere ihrer Jeeps waren in den Seglern verladen gewesen, die das Kampfgebiet nicht erreicht hatten, aber die verfügbaren fuhren sofort los durch Wälder und Dörfer Richtung Arnheim. Keiner erreichte sein Ziel. Dieser Opfergang der Divisionsaufklärung bedeutete, daß der feindliche Sicherungsschleier zwischen Landegebiet und Brücke nicht genau ausgemacht werden konnte – mit all den zeitraubenden und verlustreichen Folgen für die Infanterie, die nun versuchte, das Angriffsziel zu erreichen.

Frosts Bataillon ging an der Straße vor, die dicht am Nordufer des Rheins entlangführte, das 3. Fallschirmbataillon auf einer direkteren Straße weiter nördlich und das 1. Bataillon noch etwas weiter nördlich, um die Höhe direkt im Norden von Arnheim zu besetzen. Holländische Zivilisten eilten aus ihren Häusern zur Begrüßung heraus und verursachten dadurch einigen Zeitverlust. Die friedliche Stimmung der Landezonen hielt noch für ein oder zwei Meilen des Vormarsches an. Dann aber stießen die vorrückenden Fallschirmtruppen mit den Sicherungskräften zusammen, die Sturmbannführer Krafft eilig entfaltet hatte, und das Unternehmen entwickelte sich zum Gefecht. Anfänglich war der Widerstand noch leicht, aber ständig wurden Kraffts Soldaten verstärkt durch Panzer, Schützenpanzer, schwere Waffen und Infanterie von Harzers 9. SS-Panzerdivision. Der Auftrag für diese deutsche Division umfaßte auch die Sicherung der Arnheim-Straßenbrücke. Als das Tageslicht des 17. September schwand, gingen zwei Divisionen gegeneinander vor mit dem gleichen Auftrag, die Brücke von Arnheim zu nehmen: die britische 1. Luftlandedivision und die deutsche 9. SS-Panzerdivision. Aber während die Deutschen sich klar waren über die allgemeine Lage und über die wahrscheinliche Absicht ihres Gegenüber, befanden sich die Briten in völliger Unkenntnis über die Anwesenheit von SS-Truppen und deren Auftrag.

Der Vorstoß in der Mitte und im Norden beim 3. und 1. Fallschirmbataillon wurde durch Feindwiderstand verlangsamt. Die wohl ersten Deutschen, die mit dem 3. Bataillon zusammenstießen, fuhren mit ihrem Wagen direkt auf die vorderste Kompanie zu. Die Fallschirmsoldaten legten schnell einen Hinterhalt, und die Fahrzeuginsassen fielen in Sekundenschnelle. Unter den Gefallenen war Generalmajor Kussin.

Unvorhergesehene Schwierigkeiten

Nachdem General Urquhart sein Segelflugzeug verlassen hatte, beobachtete er das Absetzen der 1. Fallschirmbrigade in die angrenzende Landezone und begab sich dann an eine Waldecke, wo sein Gefechtsstand gerade eingerichtet wurde. Dort tauchte ein neues und sehr schwieriges Problem auf: Die Funkverbindungen klappten einfach nicht. In dem sandigen, bewaldeten Gelände erwiesen sich die für Luftlandeunternehmen vorgesehenen Funkgeräte als völlig ungeeignet. Weder innerhalb der Bataillone noch zwischen Bataillons- und Brigadegefechtsständen, noch im Divisionsnetz war die Funkverbindung gut, und oft fiel sie ganz aus. Dasselbe galt für die verschiedenen Verbindungen zum Gefechtsstand des 1. Luftlandekorps bei Nimwegen und zu den Luftunterstützungskommandos. Das Ergebnis war Lähmung der Division, ebenso wie zertrennte Nerven den menschlichen Körper lähmen. Als General Urquhart sich klarwurde, daß ihm ohne Funkverbindungen die Führung des Kampfes von seinem Gefechtsstand aus unmöglich war, fuhr er mit seinem Jeep zu den ihm unterstellten Truppenteilen. Er stellte fest, daß die mit Segelflugzeugen gelandeten Bataillone die Landezonen fest in der Hand hatten, und fuhr dann auf der südlichen Straße beim 2. Fallschirmbataillon in Richtung Arnheim. Oberstleutnant Frost war gerade bei seinem vordersten Zug und leitete persönlich das Niederkämpfen einer deutschen Sicherungsstellung, die das Vorrücken verzögert hatte. So hinterließ General Urquhart ein paar Zeilen mit zuversichtlichen Worten auf dem Bataillonsgefechtsstand und fuhr aus dem unmittelbaren Gefechtsbereich heraus, um auf die Vormarschstraße des 3. Bataillons zu kommen. Er traf dieses Bataillon an der Straßenkreuzung, an der der gefallene General Kussin lag. Hier fand er auch Brigadier Lathbury, der sich ebenfalls mangels Funkverbindung entschlossen hatte, nach vorn zur kämpfenden Truppe zu gehen. Das 3. Bataillon wurde bald vom Gegner aufgehalten, geriet durcheinander und ermüdete infolge der anstrengenden Versuche, durchzubrechen. Bebautes Gelände erleichtert die Verteidigung sehr. Ein Vorgehen durch Straßen gegen entschlossenen Widerstand ist immer ein langwieriges und verlustreiches Unterfangen, vor allem, wenn die Unterstützung durch schwere Waffen und durch die Luftwaffe fehlt. Das war auch das Problem der 1. Luftlandedivision. Deutsche Granatwerfer schossen auf die Straßenkreuzungen und verursachten Verluste. Als die Nacht hereinbrach, beschlossen Urquhart und Lathbury, das 3. Bataillon zunächst anzuhalten mit der Absicht, den Angriff am 18. im Morgengrauen fortzusetzen. In seinem Gefechtsbericht hat General Urquhart die Befürchtungen wiedergegeben, die ihn zu diesem Zeitpunkt erfüllten: »Jetzt war mir klar, daß ich die Möglichkeit zu führen verloren hatte, weil ich fern von meinem Gefechtsstand war. Man hatte mir von der Rückkehr dorthin abgeraten, weil ich durch nicht in unserer Hand befindliche Gebiete hätte fahren müssen. Nach einiger Überlegung stand mein Entschluß fest, denn schließlich war ich bei der Brigade, die den Auftrag hatte, den ersten Vorstoß auf die Brücke zu führen, und konnte so am rechten Platz unmittelbare Entscheidungen treffen.« Während das Vorgehen des 1. und 3. Fallschirmbataillons nach Arnheim gestoppt wurde und schwere Verluste eintraten bei den Versuchen, weiter vorzudringen, erging es dem 2. Bataillon an der südlichen Straße besser. Hier wurde eine Lücke in der schnell aufgebauten deutschen Verteidigung entdeckt. Oberstleutnant Frost, ein erfahrener Offizier, der schon an den Fallschirmunternehmen in Bruneval, Nordafrika und Sizilien teilgenommen hatte, führte seine hervorragend ausgebildeten und entschlossenen Leute auf sein Angriffsziel zu, jede Gegenwehr sofort zerschlagend. Die Eisenbahnbrücke etwa drei Meilen westlich der Hauptstraßenbrücke war ein zweitrangiges Angriffsziel für das Bataillon. Die C-Kompanie drehte nach rechts ein, um dieses zu nehmen, und Oberleutnant Barry erreichte mit seinem Zug als erster die Uferböschung. Als sie aber die Brücke betraten, zündete der Feind die Ladungen und sprengte sie in die Luft. Mit den Worten eines der beteiligten Soldaten: »Sie schien über uns zusammenzubrechen.«

Barry und zwei seiner Soldaten wurden bei der Explosion verwundet. Die C-Kompanie griff daraufhin ein anderes Ziel an: ein Gebäude in Arnheim, in dem man einen deutschen Gefechtsstand vermutete. Bei dem nun folgenden Gefecht wurde die C-Kompanie von der Masse des

Bataillons getrennt und war nicht mehr in der Lage, dorthin durchzubrechen.

Das 2. Bataillon (ohne C-Kompanie) stieß inzwischen weiter auf die Straßenbrücke zu. Von einem beherrschenden Geländepunkt her, mit Namen Den Brink, eröffneten nun Maschinengewehre das Feuer auf die Angreifer. Frost hatte das vorhergesehen, und die B-Kompanie erhielt den Auftrag, dieses Gelände zu säubern, während die A-Kompanie weiter vorging. Dieser Entschluß führte zum Erfolg, obwohl die B-Kompanie deswegen zeitweilig abhing. So führte schließlich Major Tatham-Warters A-Kompanie die Stabs- und Versorgungseinheiten des 2. Bataillons in Richtung auf die stählernen Umrisse der Brücke, die immer mehr verschwammen, während Dämmerung sich über die verworrene Szenerie senkte. Trotz der hohen Bedeutung, die Generalfeldmarschall Model und General Bittrich in ihren Befehlen der Brücke zugemessen hatten, war deren Nahverteidigung erstaunlicherweise nicht verstärkt worden. Am Nordende stand Feldgendarmerie; am Südende war Flakartillerie in Stellung, daneben besetzte Bunker. Tatham-Warters Männer bewegten sich schnell und leise durch die jetzt dunklen Straßen auf die nördliche Brückenabfahrt zu. Der Major setzte sofort einen Zug an zur Wegnahme des Südendes der Brücke. Dieser sowohl wie spätere Angriffsversuche wurden durch starkes Feuer der Flakartillerie und aus den Bunkern vereitelt, die Deutschen schossen jetzt direkt entlang der Straße über die Brücke. Gleichzeitig wurden die Häuser beiderseits des Nordendes der Brücke besetzt und zur Verteidigung eingerichtet. Ein Augenzeuge berichtet: »Wenn wir an die Tür eines Hauses geklopft hatten, dann wurden wir gleich eindringlich von den Bewohnern gebeten, uns doch nicht bei ihnen einzuquartieren. Wenn sie dann die Verteidigungsvorbereitungen sahen, sagten sie sehr höflich: ›Sie wollen doch dieses Haus nicht zur Festung machen?‹ Ich mußte ebenso höflich erwidern: ›Leider muß ich das tun!‹«

In dieser unwirklichen Atmosphäre einer friedlichen Stadt, die plötzlich in den Krieg gestürzt wird, bereiteten sich also das 2. Fallschirmbataillon und die mit ihm zusammenwirkenden Divisionstruppen auf einen der heldenhaftesten Kämpfe des Zweiten Weltkrieges vor.

Krisen

Während der ganzen Nacht vom 17. auf den 18. September war die Schlacht von Arnheim in der Schwebe. Die britischen Luftlandungen waren überraschend erfolgt, und das Unternehmen hatte einen guten Start gehabt. Die deutsche Seite profitierte von der Chance, das II. SS-Panzerkorps einsetzen zu können, von der schnellen und intelligenten Reaktion der Einheitsführer im Kampfgebiet sowie von der richtigen Beurteilung der britischen Absichten, die General Bittrich zu verdanken war und bald durch die bei Generaloberst Student ausgewerteten Beutebefehle bestätigt wurde. All das hatte die Absichten der 1. Division teilweise durchkreuzt. Aber eben nur teilweise, weil das 2. Bataillon das Nordende der Brücke hielt. Dieser britische Vorteil konnte bei rechtzeitiger Zuführung von Reserven die Entscheidung bringen. Aber baldige Verstärkung durch bereits auf holländischem Gebiet befindliche Truppen war unwahrscheinlich wegen der Schwierigkeiten, die das 1. und 3. Fallschirmbataillon beim Vorgehen gegen den deutschen Sicherungsschleier schon zu spüren bekommen hatten. Durch das Versagen der Fernmeldeverbindungen mangelte es dem Angriff an Geschlossenheit wie auch an Schwerpunkt, und das Versäumnis, wirklich unmittelbare und dauernde Luftunterstützung zu geben, schwächte die Angriffskraft der Division. Wegen dieser Behinderungen geriet die 1. Division auf dem Gefechtsfeld in einige Bedrängnis.

Ihre Stärke lag jedoch in den nicht eingesetzten Reserven: der 4. und der polnischen Fallschirmbrigade sowie den restlichen Divisionseinheiten. Frisch und kampfesmutig konnten diese Truppenteile die Mittel bieten, um die gefährliche Lage zu entschärfen und dann die Initiative wiederzugewinnen. Trotz des Versagens der Funkgeräte war den Generalstabsoffizieren auf dem Gefechtsstand der 1. Division eine Tatsache völlig klargeworden: Die Deutschen hatten mit Erfolg das Vorgehen der Masse der bisher eingesetzten Truppen von den westlichen Landezonen Richtung Arnheim aufgehalten. Am nächsten Morgen, dem 18., sollten die 4. Luftlandebrigade und Divisionseinheiten auf denselben Landezonen abgesetzt werden. Selbst angesichts der unvorhergesehenen veränderten Gefechtslage scheint niemand eine Änderung des Einsatzbefehls erwogen zu haben. Landezone »K«, südlich der Brücke, war auf den Karten der Flugzeugbesatzungen als klar zum Absetzen am 19. eingezeichnet. Keine technische Schwierigkeit hätte ihre Benützung schon an zweiten Tag verhindert, zumal da die Funkverbindung von der 1. Division zur britischen Luftwaffenbasis eine der wenigen war, die funktionierten. Allein erforderlich war der Entschluß der Division, in entschiedener Sprache formuliert, die 4. Brigade zum Krisengebiet, nämlich Landezone »K« und Brücke, umzuleiten. Solch eine Anpassung an die Lage würde auch die 1. Luftlandebrigade von ihrem unproduktiven Einsatz als Wache an den Landezonen befreit haben. Aber weder Urquhart noch Lathbury, die die Schwierigkeiten der 1. Brigade miterlebten, konnten unter diesen Umständen Befehle geben. Der Kommandierende General, General Browning, war bei Nimwegen und hatte keine Funkverbindung zur 1. Division. Und dem Divisionsstab auf dem Gefechtsstand, dem in den vorliegenden Befehlen jede Flexibilität bezüglich des Einsatzes der Reserven fehlte, mangelte es an Entschlußkraft. So verstrichen die Nachtstunden und mit ihnen die einmalige Gelegenheit, den Operationsplan der Lage anzupassen. Ohne diese Änderung in der Landeplanung mußte die 4. Fallschirmbrigade vier Meilen westlich von ihrem Angriffsziel buchstäblich der Vernichtung entgegensehen – ein Schicksal, das fast von der ganzen Division geteilt werden sollte.

Der Tagesanbruch des 18. September sah ein heftiges und erfolgreiches Gefecht des 2. Fallschirmbataillons, das sich jetzt am Nordende der Brücke gut zur Verteidigung eingerichtet hatte und verstärkt worden war durch eine halbe Kompanie des 3. Bataillons, einige Divisionspioniere, den Stab der 1. Fallschirmbrigade ohne den Kommandeur, durch Major Freddie Goughs Aufklärungskompanie und durch andere kleine Gruppen. Entsprechend General Bittrichs Befehlen hatte Harzer einen starken motorisierten Spähtrupp seiner Aufklärungskompanie nach Süden Richtung Nimwegen geschickt. Als dieser in den frühen Morgenstunden zurückkehrte, machten ihn die Flaksoldaten am Südende der Arnheim-Brücke darauf aufmerksam, daß britische Fallschirmtruppen an der anderen Brückenseite lägen. Der Spähtruppführer, SS-Hauptsturmführer Gräbner, beschloß daraufhin, mit seinen Panzerspähwagen und Halbkettenfahrzeugen in Höchstgeschwindigkeit einen Durchbruch durch die Stellungen der leichtbewaffneten Fallschirmsoldaten zu wagen. Den vordersten Fahrzeugen gelang das.

Aber sobald Frosts Leute den Plan durchschauten, bereiteten sie den folgenden Fahrzeugen einen warmen Empfang. »Daraus ergab sich«, sagte Frost später, »das fabelhafteste Gefecht, das man sich denken kann. Sechzehn Halbkettenfahrzeuge und Panzerspähwagen kamen heran. Da waren sie nun, diese scheußlichen Boches, mit ihren Topfhelmen auf dem Kopf aus den Luken herausschauend. Als wir sie erledigt hatten, qualmten und brannten sie vor unseren Stellungen noch fast bis zum Ende des Kampfes.« Sie wurden angegriffen auf kurze Schußentfernung mit 6-Pfünder-Pak, PIATs* und Panzerabwehrhandgranaten. Ein Augenzeuge schrieb: »Auf einmal war das erste Halbkettenfahrzeug da, wir konnten gerade noch eine Granate drin landen. Das zweite kam, aus den Maschinengewehren feuernd, und ein Mann neben mir fiel, bevor wir es stoppen konnten, indem wir Fahrer und Beifahrer abschossen. Die Besatzung von sechs Mann versuchte rauszukommen, wurde aber einer nach dem anderen erledigt. Da lagen sie nun rund um das Fahrzeug

---

* PIAT – Projector-Infantry-Anti-Tank: eine primitive, über die Schulter abzuschießende Infanteriewaffe, Panzer zerstörend auf kurze Entfernung bei guter Ausbildung und einer Portion Glück. (Fußnote im Originaltext)

herum, das mitten auf der Straße stehengeblieben war. Zehn Minuten später kamen zwei weitere zusammen angefahren, aus allen Rohren feuernd, um den Durchbruch zu erzwingen. Als der vorderste den bereits manövrierunfähigen Wagen passierte, schossen wir den Fahrer ab. Der muß aber lediglich verwundet worden sein, denn er setzte sofort zurück und stieß mit dem hinter ihm kommenden Fahrzeug zusammen. Sie verkeilten sich unentwirrbar, und wir überschütteten den Blechhaufen mit einem Kugelhagel, so daß er in Feuer aufging.«

Der Kampf verlief für die Leute an der Brücke nicht allgemein so vorteilhaft. Feuer von 2-cm- und 4-cm-Flak, von Granatwerfern, schwerer Artillerie und aus Infanteriewaffen deckte ihre Stellungen ein, erschwerte jede Bewegung und verursachte ständig steigende Verluste. Gegenangriffe waren häufig. Infanterie – unterstützt von Panzern oder Halbkettenfahrzeugen – sickerte durch die Gärten und drang in die Häuser ein, bis sie wieder herausgetrieben wurde durch unser Feuer oder mit der Spitze des Bajonetts.

Typisch ist folgender Bericht über einen Gefechtsabschnitt: »Die Deutschen brachten ein Maschinengewehr an, stießen es durch ein Fenster und schossen wie wild in das Zimmer. Ich stand glücklicherweise neben dem Fenster, von wo aus ich den Schützen abschoß, das Maschinengewehr umdrehte und auf die Kerle da draußen richtete. Handgranaten flogen nun zu allen Fenstern 'rein, und es krachte fürchterlich. Mit meinem Feldwebel und sechs Mann sprang ich in den Garten und ging auf die Deutschen los. Die fürchteten sich vor kaltem Stahl und zogen sich in das nächste Haus zurück; wir stießen mit Handgranaten nach.« Aber so angespannt die Lage auch war, das 2. Bataillon mit unterstellten Einheiten hatte die Genugtuung, das Angriffsziel in der Hand zu haben; diese Soldaten wußten genau, was von ihnen verlangt wurde; und sie nährten immer noch die Hoffnung, durch die Hauptkräfte der 1. Division verstärkt und später vom XXX. Korps entsetzt zu werden. An den anderen Kampfabschnitten war die Lage der 1. Luftlandedivision – gelinde ausgedrückt – verworren und bedrückend.

Oberstleutnant Charles Mackenzie, Chef des Stabes der 1. Division, entschied am Morgen des 18., daß General Urquhart als vermißt zu betrachten sei; er veranlaßte daraufhin Brigadier Hicks, den Kommandeur der 1. Luftlandebrigade, das Kommando über die Division zu übernehmen. Hicks war nicht zu beneiden. Meldungen kamen nur spärlich, aber zwei Tatsachen waren sonnenklar: Der Angriff der Division lief sich fest, und überall ging schon die Initiative in die Hände eines gewandten Gegners über. Diese wiederzugewinnen war offenbar am vordringlichsten, um irgendwie den Auftrag der Division doch erfüllen zu können. Das war leichter gesagt als getan, denn von den verfügbaren Truppenteilen waren das 1. und 3. Bataillon in den Vororten von Arnheim gebunden und konnten offenbar nicht weiter vorgehen. Andererseits sicherte die 1. Luftlandebrigade weit auseinandergezogen die Landezonen gegen zunehmend heftige und häufige deutsche Angriffe. Die 4. Luftlandebrigade sollte um 10 Uhr landen, aber, wie um eine schwierige Sache unmöglich zu machen, kam die Unterrichtung von der britischen Luftwaffenbasis, daß schlechtes Wetter eine Verschiebung notwendig gemacht habe: Die Brigade würde nicht vor 15 Uhr springen.

Hicks entschied, daß das verzögerte Eintreffen der 4. Brigade einen sofortigen Angriff mit den verfügbaren Reserven notwendig mache, selbst wenn das die Sicherheit der Landezonen beeinträchtigen würde. Er befahl dem 2. South-Staffordshires-Bataillon – zwei seiner Kompanien wurden in Segelflugzeugen mit der zweiten Welle noch erwartet –, das 1. und 3. Fallschirmbataillon zu verstärken, um den Durchbruch zur Brücke zu erzwingen. Unter den gegebenen Umständen war das vermutlich das Beste, was vor der Ankunft der zweiten Welle getan werden konnte. Leider kann dasselbe nicht gesagt werden von Brigadier Hicks' Plan für den Einsatz der Division nach der Ankunft der 4. Fallschirmbrigade. Die zweite Welle führte dem Kampf eine frische Fallschirmbrigade zu, und wenn die Fallschirmtruppen und Segelflugzeuge gelandet waren, dann konnte die 1. Luftlandebrigade aus ihrer Aufgabe der Sicherung der westlichen Zonen entlassen werden. So würden die Kräfte für den Durchbruch zur Brücke mit einemmal von einer auf drei Brigaden steigen. Wenn auch die 1. Fallschirmbrigade nahezu erschöpft war, so war doch eine echte Chance vorhanden, den Angriffsplan sinnvoll zu modifizieren und die Initiative wiederzugewinnen. Diese Chance wurde nicht genutzt. Statt dessen ließ Hicks es zu, daß an dem jetzt etwas überholten Auftrage für die 4. Fallschirmbrigade festgehalten wurde, das Höhengelände nördlich von Arnheim zu nehmen, ordnete aber gleichzeitig eine Umorganisation an, die die ohnehin geringen Erfolgschancen noch minderte. Er befahl nämlich, das 11. Fallschirmbataillon nach der Landung aus dem Verband der 4. Brigade herauszulösen und mit den zwei restlichen Kompanien der South-Staffordshires die kleckerweise Verstärkung der 1. Fallschirmbrigade zu erhöhen. Er gab der 1. Luftlandebrigade keine neuen Aufträge. Es sah so aus, als ob Hicks zwar die unbedingte Notwendigkeit erkannte, Verstärkungen zu Frost an die Brücke zu bringen, es aber in seiner Stellung als Stellvertreter des Divisionskommandeurs nicht wagte, der 4. Fallschirm- und 1. Luftlandebrigade diesen neuen Auftrag zu geben.

Ebenso wie das deutsche Heer schnell auf die alliierte Luftlandung reagierte, so verlegte auch die Luftwaffe sofort ihre Jäger und Flakartillerie, um die von den Truppentransportern benutzten Anflugstrecken zu decken. Als sich nun die 4. Luftlandebrigade in ihren Dakotas und die lange Reihe auf Segelfliegerschlepp umgerüsteter Bomber den Landeplätzen näherten, wurde ihnen ein wesentlich heißerer Empfang bereitet als der ersten Welle am Tag zuvor. Das Erlebnis des stellvertretenden Kommandeurs des 11. Fallschirmbataillons stand nicht vereinzelt da: »Direkt unter unseren Füßen – so schien es – fing ein Geknatter an, dem plötzlich ein peitschenartiger Knall folgte. Das Flugzeug kippte heftig zur Seite, warf uns durcheinander, richtete sich dann aber wieder auf. Es war unnötig zu fragen, ob wir einen Treffer hätten, wir wußten es. Die Deto-

Vor allem die zweite Welle der englischen Luftlandedivision (18. September) geriet in starkes deutsches Abwehrfeuer. Von der Flak in Brand geschossener Lastensegler.

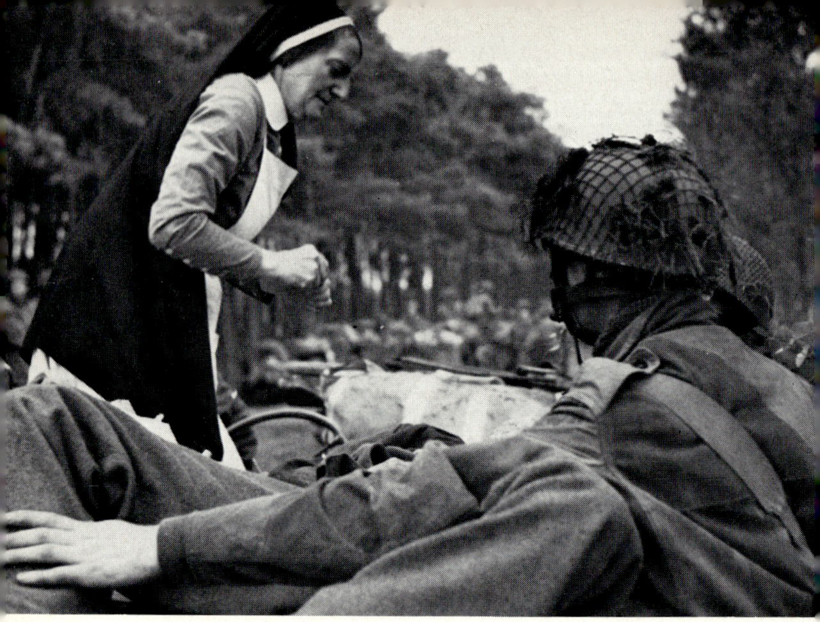

Eine holländische Schwester bei der Versorgung von Verwundeten. Unten:
Eine Gruppe englischer Fallschirmjäger in deutscher Gefangenschaft.

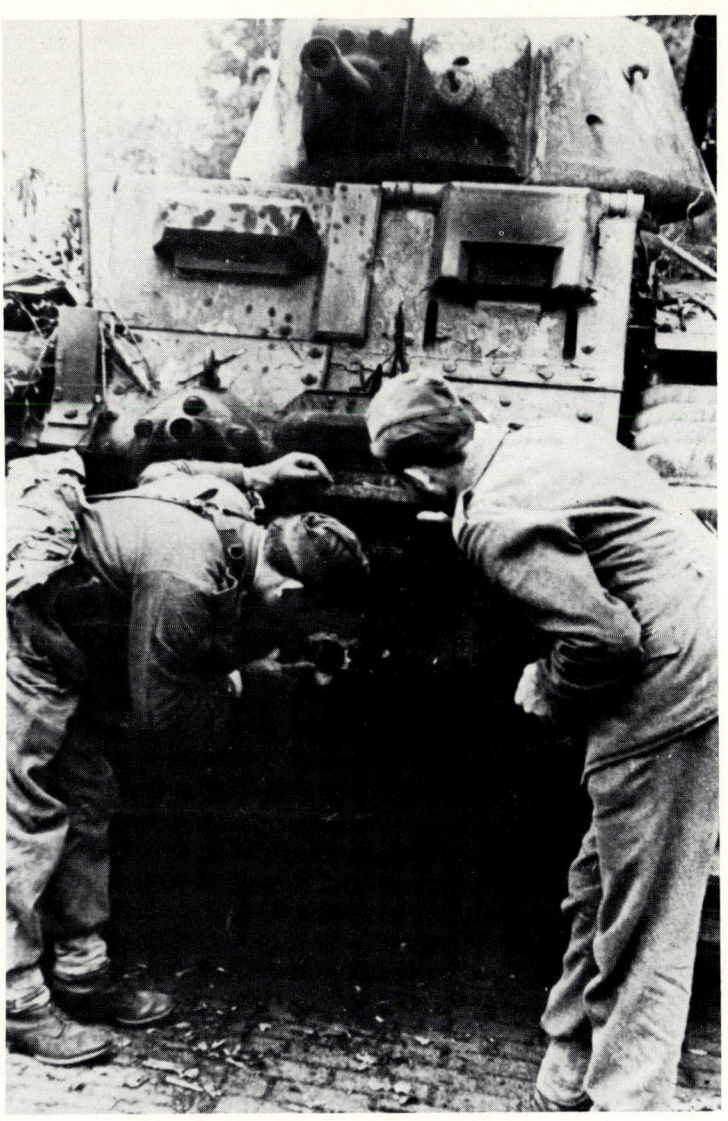

Deutsche Soldaten untersuchen einen von der Flak abgeschossenen leichten Panzer der Alliierten.

Die Deutschen öffneten bei ihrem Rückzug in Holland die Schleusen. Luft-
aufnahme des überfluteten Gebiets zwischen Nimwegen und Arnheim,
Dezember 1944.

nation riß ein großes Loch in den Rumpf und verwundete zwei meiner Männer an den Beinen. Der Führer der amerikanischen Besatzung, der gerade neben der Tür stand, wurde durch eine Panzerplatte eben noch gerettet. Wir hatten kaum Zeit, unsere Verwundeten loszuhaken und nach hinten ins Flugzeug zu packen, als wir grünes Licht zum Sprung bekamen. Ich war froh, herauszukommen. Ich glaube, wir hätten nicht mehr länger als dreizehn Sekunden in der Luft bleiben können, aber das war genug. Deutsche Leuchtspurmunition zischte zwischen uns hindurch. Ich habe mich nie so sehr wie eine brütende Taube gefühlt als in diesem Augenblick.«

Brigadier Hackett landete sicher und machte ein halbes Dutzend Gefangener, bevor er seinen verabredeten Treffpunkt erreichte. Hier traf er Mackenzie, der von Hicks geschickt war, um den Änderungsbefehl für die Unterstellung des 11. Bataillons zu überbringen. Hackett war dienstälter als Hicks und nicht im Bilde darüber, daß Urquhart die Befehlsübernahme durch Hicks vorgesehen hatte, falls er ausfiele. Auch war Hackett eine tatkräftige Führerpersönlichkeit, wissenschaftlich begabt, aber ohne Talent, Unsinn gelassen hinzunehmen. Einige Punkte des Divisionsbefehls hielt er nämlich für unklug, und er konnte sich nur schwer damit abfinden, daß man ihm eines seiner Fallschirmbataillone wegnahm. Mackenzies Aufgabe war daher nicht leicht. Dennoch folgte Hackett den Anordnungen und gab entsprechende Befehle.

Nach fast dreistündigem Warten nahe dem Divisionsgefechtsstand traten das 11. Fallschirmbataillon und die zwei Kompanien des South-Staffordshires-Bataillons an und stießen bald auf die Reste des 1. Bataillons. In den frühen Morgenstunden des 19. September berieten sich die Kommandeure der zwei Fallschirmbataillone und der South-Staffordshires in der Nähe des Elisabeth-Hospitals. Da kein Führer für diese Kampfgruppe ernannt worden war, blieb ihnen nichts anderes übrig, als Kriegsrat zu halten. Sie entschieden sich, um 4 Uhr anzutreten und an zwei Straßen vorzugehen: die South-Staffordshires sollten an der Hauptstraße nach Arnheim hinein weiter vorrücken; das 11. Bataillon, geführt von den Resten des 1. Bataillons, sollte zum Flußufer durchbrechen, nach links schwenken und auf Frosts alter Vormarschstraße zur Brücke vorstoßen. Die polnische Fallschirmbrigade sollte im Laufe des 19. auf der Landezone »K« landen, direkt südlich der Brücke, so daß noch in dieser späten Phase die Verteidiger am Nordende die so dringend benötigte Hilfe erhalten konnten.

Die anderen Bataillone der 4. Fallschirmbrigade unter Hacketts Führung traten zum Angriff auf das Höhengelände nördlich Arnheim an. Früh am 19. September erreichte das 156. Fallschirmbataillon die Bahnstation Wolfheze. Hackett suchte Hicks in dieser Nacht auf dem Divisionsgefechtsstand auf, und es wurde beschlossen, daß seine Brigade am 19. das Höhengelände bei Koepel sichern sollte, eine Meile nordwestlich der Außenbezirke von Arnheim, um die westlich nach Ede führende Straße zu beherrschen.

Inzwischen gelang es General Urquhart im Abschnitt des 3. Bataillons, das vergeblich den Durchbruch zur Brücke versucht hatte, sich aus der Lage zu befreien, die ihn so lange von seinem Divisionsgefechtsstand ferngehalten hatte. Der General und Brigadier Lathbury hatten nämlich am 18. einen Vorstoß über eine Straße gemacht, der damit endete, daß Lathbury in feindbesetztem Gelände verwundet liegenblieb. Urquhart und ein gewisser Hauptmann Taylor schleppten den vorübergehend kampfunfähigen Brigadier in das nächste Haus und legten ihn in den Keller. Als der General zum Fenster hinaussah, fand er sich plötzlich Auge in Auge mit einem deutschen Soldaten. Es ging um Leben und Tod: Urquhart zog den Revolver und schoß sein Gegenüber nieder. Auf Lathburys wiederholtes Bitten setzten sich dann Urquhart und Taylor ins Nebenhaus ab, wo die Möglichkeiten des Entkommens besser sein konnten. Dann folgte eine lange, zermürbende Wartezeit. Die beiden Offiziere konnten das Haus nicht verlassen, weil ein deutsches Sturmgeschütz direkt vor der Tür stand. Aber in der Dunkelheit kurz vor Morgengrauen am 19. konnten die beiden Offiziere unbemerkt aus ihrem Versteck entkommen. Sie hatten großes Glück, denn kurz darauf fuhr ein britischer Jeep vorbei, der sie schnell zum Divisionsgefechtsstand brachte. So konnte General Urquhart am frühen Morgen des dritten Kampftages die Führung wieder übernehmen, und Hicks kehrte zur 1. Luftlandebrigade zurück.

Als der Morgen des 19. September graute, sah die Lage folgendermaßen aus: Die 4. Fallschirmbrigade schickte sich an, nach Osten auf das Höhengelände bei Koepel vorzustoßen; die South-Staffordshires und das 1. und 11. Fallschirmbataillon waren entschlossen, zur Brücke durchzubrechen; die polnische Fallschirmbrigade mußte bald südlich der Brücke landen; und Frosts 2. Bataillon hielt sich immer noch an der Nordabfahrt der Brücke. Als General Urquhart die Führung wieder in der Hand hatte, schien die 1. Luftlandedivision für kurze Zeit die Initiative wiedergewinnen zu können. Zwei Umstände trafen aber zusammen, die diese Hoffnung zunichte werden ließen: Schlechtes Wetter über England hielt die amerikanischen Dakotas am Boden fest, so daß die Ankunft der polnischen Fallschirmbrigade um 24 Stunden verschoben werden mußte; und vor Arnheim, wo sich die Luftlandetruppen zum Angriff vorbereiteten, fehlte es fast völlig an schweren Waffen, während die deutschen Verteidiger ihre Kampfstärke an Panzern, Halbkettenfahrzeugen, Artillerie und Infanterie erhöht hatten.

Sobald General Urquhart von seinem Stab über die Lage orientiert worden war, mußte er feststellen, daß infolge Lathburys Ausfall das Vorgehen der Staffordshires und der Fallschirmbataillone jeglicher Koordination entbehrte. Daher befahl er dem Oberst Hilary Barlow, Stellvertreter von Hicks, die Führung in diesem Sektor zu übernehmen. Barlow brach mit einem Jeep auf, um das Kommando anzutreten, kam aber nie an und wurde auch nie mehr gesehen. Der Angriff gewann inzwischen an Boden, so wie die drei Bataillonskommandeure geplant hatten. An der Hauptstraße nach Arnheim wurden die South-Staffordshires in der Höhe des Museums – die Soldaten nannten es »Das Kloster« – vom Gegner gestoppt. Sie erlitten schwere Verluste durch deutsche Panzer, die die Straße entlangfeuerten, während deutsche Infanterie durch die Gärten vorgehend sie in der Flanke angriff.

Nachdem die Staffordshires ihre PIAT-Munition verschossen hatten, waren sie machtlos gegenüber den Panzern, und die vorderste Kompanie wurde überrannt. Trotzdem griff das Bataillon Den Brink an, nach dessen Einnahme die Fallschirmbataillone ein wesentlich leichteres Vorgehen auf ihrer südlichen Straße gehabt haben würden. Aber wieder traten deutsche Panzer und Infanterie zum Gegenangriff an und schlugen sowohl die South-Staffordshires wie auch das 11. Bataillon zurück, wobei sie dem letzteren in die Flanke stießen. Ohne Führung und nicht einmal im Besitz der leichten Unterstützungswaffen der Brigade mußte diese Kampfgruppe das Schicksal des 1. und 3. Fallschirmbataillons teilen. Sie konnte in die deutsche Verteidigungsstellung nicht eindringen und kämpfte bald – zusammengeschmolzen auf einen Bruchteil ihrer Anfangsstärke – nur noch verzweifelt um ihr Leben.

Inzwischen bemühte sich Hacketts Brigade, ihr Angriffsziel zu erreichen. Das 156. Fallschirmbataillon war im Vorgehen auf Koepel und das 10. Fallschirmbataillon auf die Straße Arnheim–Ede etwa zwei Meilen nach Nordwesten. Zweimal griff das 156. Bataillon an, immer ohne Erfolg. Die Verluste waren hoch, bei der A-Kompanie fielen alle Offiziere. Das 10. Bataillon grub sich beiderseits der Straße ein und mußte heftige Gegenangriffe abwehren. In dieser Kampfphase zeichnete sich Hauptmann Lionel Queripel besonders aus. Ein britisches Panzerabwehrgeschütz war in feindliche Hände gefallen und bedrohte nun die Stellungen der Fallschirmsoldaten; das Geschütz wurde von zwei Maschinengewehren unterstützt, aber trotzdem griff Queripel mit seinen Männern an, überwältigte persönlich die drei Deutschen, die das erbeutete Geschütz bedient hatten, und brachte es wieder in britische Hand.

Im Laufe des Nachmittags kam General Urquhart zur 4. Fallschirmbrigade. Als er feststellte, daß der Angriff in der bisherigen Richtung keine Fortschritte machte, und in Betracht zog, daß das Vorgehen in Richtung Brücke steckengeblieben war, mußte er zu einer betrüblichen Einsicht kommen: Seine Division hatte ganz einfach nicht die Kraft, den ursprünglichen Auftrag zu erfüllen; das 2. Bataillon würde an der Brücke aushalten müssen, so lange es konnte, möglichst bis zur Ankunft des XXX. Korps, und es würde ohne Unterstützung kämpfen müssen. Urquhart beschloß daher, die Reste seiner Division um den Divisionsgefechtsstand herum in einer Igelstellung bei Oosterbeek zusammenzuziehen, mit der Basis am Rhein und in einer Ausdehnung von ungefähr zwei Meilen nach Norden. Also befahl er Hackett, die 4. Brigade vom Feind zu lösen und nach Süden einzudrehen. Dementsprechend wurden Befehle auch an die Luftlandebrigade und an die in den Vororten Arnheims kämpfenden Bataillone gegeben, zurückzugehen und die Igelstellung zu beziehen.

Rückzug ist eine der schwierigsten Kampfarten im Kriege, wenn man in engster Fühlung mit einem energischen Gegner ist. Die 4. Fallschirmbrigade schaffte es – aber nur unter schweren Verlusten. Als sich das 10. Bataillon absetzte, war plötzlich Hauptmann Queripel, der zu der Zeit schon Wunden im Gesicht und an beiden Armen hatte, mit nur wenigen Männern abgeschnitten worden. Er glaubte, daß er die Deutschen für eine kurze Zeit in Schach würde halten können, um so den Resten des Bataillons eine bessere Möglichkeit zum Rückzug zu geben. Tapfer wurde nun dieses Nachhutgefecht geführt, dann noch eins, bei welchem Queripel allein zurückblieb, um die Männer zu dekken, mit denen er Seite an Seite gekämpft hatte. Er fiel bei diesem seinem letzten Gefecht. An der ganzen Front der Brigade ereigneten sich viele solcher Einzelkämpfe. Während sich diese Absetzbewegung vollzog, erschienen plötzlich am Himmel Segelflugzeuge. Sie gehörten zur polnischen Brigade, deren Fallschirmspringer immer noch ungeduldig auf besseres Wetter auf ihren USAAF-Flugplätzen warteten. Glücklicherweise hatte die niedrige Wolkendecke die RAF-Flugplätze nicht in Mitleidenschaft gezogen, so daß die Flugzeuge mit Lastenseglern im Schlepp wie geplant starten konnten. Die polnischen Segelflugzeuge sollten nicht die Landezone »K« anfliegen, denn diese war für Segelflugzeuglandungen als untauglich befunden worden. Statt dessen wurden sie nach Zone »L« dirigiert, die jetzt inmitten heftigster Kämpfe lag. Diesmal gelang es der deutschen Luftwaffe, die Schlepp- und Segelflugzeuge abzufangen, und ein Schwarm von Jägern stieß in sie hinein, was ein holländischer Beobachter folgendermaßen beschreibt: »Mehrere Segelflugzeuge fingen Feuer und torkelten wie irre zu Boden. Ein anderes zerbrach in der Luft wie ein Kinderspielzeug, und ein Jeep, eine Pak sowie Soldaten fielen heraus. Als die Messerschmitts abließen, wurde der Wald lebendig. Deutsche Infanterie ging entfaltet vor ...«

Am 19. September gegen 19 Uhr erreichten Oosterbeek vom 10. Bataillon weniger als 100 Mann, vom 156. Bataillon knapp 140 und von der 4. Fallschirm-Pionierkompanie etwa 50. Das war alles, was von der 2000 Mann starken Brigade übriggeblieben war, die man aus Gründen der Vorsicht acht Meilen vom Angriffsziel entfernt hatte landen lassen. Andere Einheiten stießen dazu und formten den Brückenkopf nördlich des Rheins, auf den hin General Horrocks' XXX. Korps später angesetzt wurde – während seines Vorgehens von Nimwegen aus nach Norden.

Die Brücke

In einer kurzgefaßten Darstellung eines verwickelten Schlachtablaufes kann man unmöglich den zahlreichen einzelnen Heldentaten gerecht werden, wie sie der Kampf um Arnheim zeitigte. Es scheint beinahe so, als ob die stolzen und tüchtigen Offiziere und Soldaten der 1. Luftlandedivision mit ihrer persönlichen Tapferkeit und ihrem Opfermut hätten ausgleichen wollen, daß ihre Division als eine geschlossene Kampfeinheit schon wenige Stunden nach Beginn des Unternehmens buchstäblich zusammenbrach. Und ebenso tapfer schlugen sich die Flugzeugbesatzungen in einem Luftraum, der so verbissen verteidigt wurde wie kaum je ein anderer im Zweiten Weltkrieg. Mit schweren Ausfällen an Menschen und Maschinen bezahlten sie insbesondere für ihre Anstrengungen, die eingeschlossenen Truppenteile mit Munition, Verpflegung und Sanitätsmaterial zu versorgen. Das Victoria-Kreuz ist für die britischen Streitkräfte die höchste Tapferkeitsauszeichnung; es wurde fünfmal verliehen für Tapferkeit vor dem Feinde während der Schlacht von Arnheim*. Wer kann ermessen, wieviel vergleichbare Tapferkeitstaten un-

* Die Empfänger der Auszeichnung sind im Anhang 3 aufgeführt.

gesehen und unerwähnt blieben: fünfzig? fünfhundert? Für viele war die einzige Auszeichnung für selbstlose Pflichterfüllung, in unerschüttertem Glauben zu fallen.

Die Männer, die an der Brücke aushielten, würden die letzten gewesen sein, die eine besondere Erwähnung ihrer Tapferkeit erwartet hätten. Ihre einzigartige Leistung war für sie selbstverständlich. Sie zeichneten damit auch ihre Einheiten und das Andenken an diese Schlacht aus – in einer Weise und bis zu dem Grade, wo aus der Niederlage höchster Kampfgeist erwächst. Kehren wir also zurück zu der kleinen Schar, die immer noch die Brücke hält am vierten Gefechtstag, dem 20. September 1944.

An diesem Morgen beriet Oberstleutnant Frost auf seinem Gefechtsstand nördlich der Brücke mit Major Crawley den Plan für ein Spähtruppunternehmen seiner B-Kompanie nach Norden. Plötzlich detonierte eine Granate dicht neben ihnen. Frost erinnerte sich: »Ich fand mich mit dem Gesicht nach unten am Boden liegend wieder und hatte teuflische Schmerzen in den Beinen. Don Crawley lag nicht weit entfernt von mir auf dem Rücken und begann, sich ins Haus zu schleppen; ich tat dasselbe, und Wicks, mein Bursche, kam, um mich in Deckung zu schaffen. Ich konnte das Stöhnen nicht unterdrücken, das aus mir wie mit Gewalt herauswollte, und ich schämte mich darüber, insbesondere weil Don keinen Laut von sich gab.« Die beiden verwundeten Offiziere wurden nach unten in den Keller gebracht, wo sich schon mehr als 200 Verwundete befanden, die die Ärzte Dr. James Logan und David Wright sowie der römisch-katholische Father Egan unermüdlich betreuen. Die ökumenische Haltung des letzteren wurde gerade unter diesen grauenhaften Umständen von den Leidenden und Sterbenden aller Bekenntnisse dankbar empfunden. Die Führung im Brückenkopf ging auf Major Freddie Gough über, Major Tatham-Warter übernahm das 2. Bataillon.

Schon am zweiten und dritten Kampftag war die Zahl der bewohnbaren Häuser in diesem Bereich unerbittlich gesunken. Deutsche Panzer und Geschütze hatten ununterbrochen auf diese Häuser getrommelt, um die Verteidiger zur Räumung zu zwingen. Als Frost verwundet wurde, war die Lage kritisch. Panzer feuerten wiederholt mit Phosphormunition in die britischen Stellungen, um sie in Brand zu setzen; die Verteidigung wurde auf das zusammengedrängt, was von Häusern oder Deckung übrigblieb, ein Bruchteil von ehedem. General Bittrich hatte Verstärkung bekommen, um das Widerstandsnest der britischen Luftlandetruppen nördlich des Rheins zu zerschlagen. Darunter waren im Häuserkampf erfahrene Panzergrenadierbataillone, Artillerie aller Kaliber, ein Pionierlehrbataillon, das im Gebrauch von Flammenwerfern ausgebildet war, und als besonders wesentlich die Königstiger-Abteilung 503, eine Panzereinheit, die mit den allerschwersten Panzern der Welt ausgestattet war. Um diesem Aufgebot von Menschen und Material zu widerstehen, besaß die Kampfgruppe des 2. Fallschirmbataillons Gewehre, Maschinenpistolen und leichte Maschinengewehre, einige PIATs, die nur auf kurze Schußentfernung wirken konnten, einige mittlere Granatwerfer und die vier

6-Pfünder-Pak. Munition war kaum mehr vorhanden. Immerhin hatten Frosts Männer Feuerunterstützung durch die leichte Divisionsartillerie, die aus der Gegend von Oosterbeek schoß. Oberstleutnant »Sheriff« Thompsons Kanoniere zeichneten sich während der gesamten Kampftage aus, sie hielten die Funkverbindung, die sonst überall fehlte, und feuerten sehr genau. Angriff auf Angriff von deutscher Infanterie, hauptsächlich über die Brücke von Süden her oder entlang der nördlichen Uferböschung von Osten her, wurde mit Hilfe dieses Artilleriefeuers zurückgeschlagen. Die britischen Soldaten hatten noch zwei Vorteile mehr in diesem sonst hoffnungslos ungleichen Kampf: Sie lagen in der Verteidigung und konnten das bebaute Gelände im Kampfabschnitt ebenso nutzen, wie es Kraffts und Harzers Männer getan hatten, als sie Lathburys und Hacketts Angriffe zunichte machten; und ihr Kampfesmut und ihr Vertrauen waren ungewöhnlich. Oberleutnant Mackay, dessen Pioniere das unmittelbar ostwärts der Brückenabfahrt liegende Schulhaus äußerst geschickt verteidigten, erfaßte genau die Haltung seiner Soldaten in folgendem Bericht: »Wir schlugen drei Angriffe in zwei Stunden zurück. Die Schule glich jetzt einem Sieb. Wohin man auch blickte, überall Tageslicht. Blut war ringsum verspritzt, bedeckte in Pfützen den Fußboden, verschmierte die Uniformen der Verteidiger und floß wie kleine Rinnsale treppab. Die Männer boten einen noch abstoßenderen Anblick: von Übernächtigkeit rot geränderte Augen, die Gesichter pulvergeschwärzt, trugen sie drei Tage alte Bärte. Viele von ihnen hatten kleinere Verwundungen, und ihre Uniformen waren abgeschnitten, um schnell feldmäßige Verbände anlegen zu können, die bald durchblutet waren. Wenn ich auf diese Männer schaute, dann war mir klar, daß ich niemals den Befehl zu geben haben würde: ›Diese Stellung muß bis zur letzten Patrone und bis zum letzten Mann gehalten werden.‹ Sie waren sich ihrer Überlegenheit bewußt. Um sie herum lag die vierfache Zahl von gefallenen Gegnern.«*

Der Druck von Osten nahm den ganzen Tag über zu. Ein wichtiger Abschnitt der Verteidigungsstellung war der, den der Sicherungszug des Brigadestabes und ein Fernmeldetrupp unter Führung des Chefs der Stabskompanie, Hauptmann Bernard Briggs, hielten. Sie verteidigten sich in Häusern ostwärts der Brückenabfahrt und hatten die Hauptlast vieler Angriffe zu tragen. Jetzt wurden diese Häuser eins nach dem anderen in Brand geschossen, und schließlich war diese mutige Gruppe gezwungen, sich zur A-Kompanie zurückzuziehen, die jetzt um die Pfeiler der Brücke herum zusammengedrängt war. Deutsche Panzer wagten sich nun wieder auf die Straßen. Als sie feststellten, was von der britischen Verteidigung noch übrig war, eröffneten sie auf kurze Entfernung das Feuer.

Die gegen sie einsetzbaren Waffen, die PIATs und die 6-Pfünder, waren außer Gefecht oder ohne Munition. Wie zur Ankündigung des nahenden Endes sah die Nacht des 20. den Tod eines jungen Offiziers, dessen Mut beispielhaft selbst für Frosts vorbildliche Soldaten war: Er hieß Oberleutnant J. H. Grayburn.

* Mackays Bericht erschien zuerst in »Blackwood's Magazine« im Oktober 1945.

Am ersten Abend des Kampfes, bald nachdem das 2. Fallschirmbataillon das Nordende der Brücke genommen hatte, führte die A-Kompanie zwei Angriffe über die Brücke, um deren Südteil in die Hand zu bekommen. Der erste wurde von Oberleutnant McDermot geführt, brach aber im Feuer eines Panzerspähwagens und aus einem bis dahin toten Bunker zusammen. Grayburn versuchte es später noch einmal, aber sein Zug hatte acht Ausfälle auf den ersten 50 Metern. Obgleich Grayburn an der Schulter verwundet war, ließ er nicht ab, schneidig den Angriff vorwärtszureißen, bis die Verluste so anstiegen, daß er sich zum Rückzug gezwungen sah. Ohne seine Verwundung zu beachten, führte er weiterhin seinen Zug. Am 20., drei Tage später, wurde die Stellung seines Zuges so hart unter Feuer genommen, daß er nach Norden ausweichen mußte. Aber als Grayburn sah, daß die Deutschen sich anschickten, Sprengmunition unter der Brücke anzubringen, stürmte er mit einem Stoßtrupp nach vorn, verjagte den Feind und ermöglichte es so, daß die Sprengladung wieder entfernt werden konnte. Dabei wurde er wieder verwundet, diesmal im Rücken, aber er weigerte sich, zum Verbandsplatz gebracht zu werden. Schließlich kam ein Panzer so nahe an seine Stellung, daß diese unhaltbar wurde. Da stand er auf, um den Rückzug seines Zuges zu leiten, obgleich ihn das ins Schußfeld der Panzerbesatzung brachte. Seinen Männern gelang es, die Stellungen des Bataillons zu erreichen. Grayburn aber fiel in dieser Nacht.

Kurz nach Einbruch der Dunkelheit wurde das Haus, in dem der Brigadegefechtsstand lag, in Brand geschossen. Die Verwundeten brachte man in ein Hinterhaus, doch bevor man damit fertig war, ging auch dieses in Flammen auf. Für die Verwundeten gab es nun keinen anderen Platz mehr. Nur ungern beschlossen Oberstleutnant Frost und Major Gough, den Widerstand am Brigadegefechtsstand einzustellen, um die Verwundeten übergeben zu können. Diese unvermeidbare Entscheidung bedeutete den Anfang vom Ende des organisierten Widerstandes an der Brücke. Die Deutschen versuchten, den vereinbarten Waffenstillstand in eine allgemeine Kapitulation der überlebenden Fallschirmsoldaten zu verwandeln. Dem wurde nicht entsprochen, obwohl die anschließenden britischen Einheiten in einer außerordentlich schwierigen Lage waren. Sie konnten unmöglich in den Bereich schießen, aus dem ihre Verwundeten gerade in Sicherheit gebracht wurden. Aber gerade dort bewegten sich deutsche Soldaten frei, um ihre taktischen Vorteile noch zu verbessern. Tatham-Warter und Gough berieten daher über die Lage und beschlossen, das 2. Fallschirmbataillon in ein Lagerhaus in der Nähe zu verlegen. Die Kampfstärke des Bataillons belief sich jetzt auf 9 Offiziere und 110 Soldaten, dazu ungefähr 30 Pioniere, Artilleristen und Soldaten anderer Einheiten.

Auch als Tatham-Warter das Lagerhaus erreicht hatte, dauerte der Druck der Deutschen unvermindert an; er hielt es daher für das beste, nur die Nacht über dort zu verbleiben und dann seine Kampfgruppe in zwei Abteilungen beim ersten Tageslicht die Gegend des alten Brigadegefechtsstandes zurückgewinnen zu lassen. Aber SS-Sturmbannführer Brinkmann hatte auch den Tagesanbruch des 21. ausgewählt, um mit seiner Kampfgruppe anzugreifen und die Lage in dem noch von Briten besetzten Gelände endgültig zu bereinigen. Während fünf Panzer und ein Sturmgeschütz in die oberen Stockwerke der wenigen noch von Fallschirmsoldaten gehaltenen Häuser feuerten, kämpften sich Panzergrenadiere geschickt durch die ebenerdigen Geschosse. Das Krachen von Handgranaten leitete jeden Angriff ein, und die Grenadiere gingen oft von Haus zu Haus vor, indem sie in die Trennwände »Schlupflöcher« sprengten, um sich nicht dem Feuer in den Straßen auszusetzen. Selbst noch zu dieser Zeit, als die Soldaten auf beiden Seiten sich klar darüber sein mußten, daß der Kampf um die Brücke aller Wahrscheinlichkeit nach vorüber war, fochten die Fallschirmsoldaten hartnäckig. Ein Deutscher bemerkte: »Ein junger Brite zeigte sich bewußt auffällig, um unser Feuer auf sich zu lenken, während ein anderer mit einem Messer versuchte, von der Seite an uns heranzukommen. Ein dritter Mann sprang auf uns zu und schwang sein Gewehr wie eine Keule.« Brinkmanns Männer gewannen schließlich die Oberhand und überrannten nach und nach die britischen Stellungen.

Die meisten Fallschirmsoldaten, die in Gefangenschaft gerieten, waren verwundet. Vielen gelang es aber später, wieder zu entfliehen und mit Hilfe furchtloser holländischer Patrioten den Weg zurück in die Sicherheit zu finden. Das verdiente eine eigene Würdigung. Tatham-Warter beschließt seinen Bericht über den Kampf mit folgenden Worten: »Es war leider ein schreckliches Ende. Sie alle hatten so tapfer gefochten – insbesondere die A-Kompanie und Bernard Briggs mit seiner Gruppe, die die Hauptlast des Kampfes getragen hatte.«

Seite 93 bis Seite 96: Szenen aus dem Film »Die Brücke von Arnheim« von Joseph E. Levine (1978).

Schlußbemerkung

Das »schreckliche Ende« an der Brücke von Arnheim beschloß eine der größten Heldentaten in den Annalen der britischen Militärgeschichte. Es bezeichnete noch nicht das Ende des ganzen Kampfgeschehens. Fünf Meilen westlich kämpfte die 1. Luftlandedivision weiter, um den Brückenkopf nördlich des Rheins zu halten. Die polnische Fallschirmbrigade, deren Ankunft wegen unglaublich schlechten Wetters zweimal um vierundzwanzig Stunden hatte verschoben werden müssen, sprang schließlich am 21. September unter Bedingungen, die fast genauso unglaublich waren – nämlich so, daß nur die Hälfte der Dakotas die Landezonen fanden, um ihre Ladung abzusetzen. Es war nicht die Zone »K« südlich der Brücke, sondern eine erst kürzlich ausgewählte Zone nahe dem Dorf Driel, direkt südlich des Rheins im Anschluß an die Igelstellung der Division. Dorthin waren sie auf Befehl General Urquharts umgeleitet worden. Als Verstärkung kamen sie ohne eigenes Verschulden in zu geringer Anzahl und zu spät. In der Nacht vom 25. auf 26. September traten die Reste der 1. Luftlandedivision den Rückzug über den Rhein an. Der gesamte Angriff des I. Luftlandekorps und des XXX. Korps hatte keinen Erfolg in bezug auf seine weitreichende strategische Absicht, die deutsche Verteidigung an der Ruhr zu umgehen und den Sieg in Europa zu beschleunigen. Im taktischen Sinne konnte man ihn aber als zu 90% erfolgreich ansehen, weil er die Übergänge über alle zur Wegnahme vorgesehenen Brücken sichergestellt hatte – bis auf eine. Vor der Schlacht hatte man dem Gegner Zeit gelassen, wenigstens Teile seiner Rüstung anzulegen, und gegen diese richtete sich die Spitze des Degens der Luftlandekräfte. Ob dessen Zerbrechen unter den gegebenen Umständen unvermeidbar war oder nicht, wird für immer eine offene Frage bleiben. Die alliierte Luftlandetaktik und -technik war aus der Erfahrung heraus entwickelt worden und zielte darauf ab, »in die Scharniere zu stechen«, war aber nie echt konzipiert auf »das Durchbohren des Gegners«*. Daher war die Notwendigkeit für *einen* Befehlshaber übersehen worden, der die Verantwortung für alle Aspekte des Unternehmens – in der Luft und auf der Erde – zu tragen hatte. Die Wichtigkeit der unmittelbaren Luftunterstützung war unzureichend gewürdigt worden; und der Wert nicht gebundener Luftlandereserven ist nie eingesehen worden. Die Bedeutung von wirklich erstklassigen Kämpfern war voll erkannt, aber das war nicht genug, wenn die anderen Elemente fehlten.

Am ersten Tage des Kampfes hatte der Soldat McKinnon vom 3. Fallschirmbataillon einen Fleischerladen in Arnheim betreten. Der Eigentümer, der kein Fleisch zur Verfügung hatte, gab ihm Brot, Käse und Wein. Dann

* Vergleiche die Metapher in der Einleitung S. 21.

holte er seine zwölfjährige Tochter herbei, damit sie den ersten britischen Soldaten sehen konnte, der vom Himmel gekommen war, um Holland zu befreien. Sie konnte einen sorgfältig einstudierten Satz auf englisch sagen: »Kommen Sie recht häufig wieder, nachdem Sie so lange weggewesen sind.« Doch sollte es kein fröhliches Wiederkommen geben. Nach dem Kampf erschossen die Deutschen alle holländischen Zivilisten, die im Verdacht standen, den Briten geholfen zu haben*. Für die Überlebenden und für alle Holländer nördlich des Rheins sollte der kommende Winter eine schreckliche Jahreszeit voller Vergeltung und Elend werden.

General Urquhart beendete seinen offiziellen Bericht über das Unternehmen mit folgenden Worten: »Es unterliegt keinem Zweifel, daß alle bereitwillig einen anderen Einsatz unter ähnlichen Bedingungen in der Zukunft mitmachen würden. Wir bereuen nichts.« Noch bemerkenswerter ist das Echo auf seine Meinung unter den Einwohnern von Arnheim und Oosterbeek, von denen keiner je bedauert zu haben scheint, daß dieser Versuch gemacht worden war, trotz der erschütternden Folgen. Seitdem ist der Geist der Freundschaft und des gegenseitigen Respektes zwischen den Fallschirmsoldaten und den holländischen Bürgern immer erhalten geblieben – ein angemessenes Denkmal für die, die auf holländischem Boden begraben liegen.

* Anmerkung des Verlages: Diese pauschale Behauptung dürfte historisch nicht belegbar sein.

Anhang 1

Gliederung und Stellenbesetzung der 1. Luftlande-division 17. September 1944

Divisionskommandeur	Generalmajor R. E. Urquhart
Divisionsstab	Oberstleutnant C. B. Mackenzie
G 3	Oberstleutnant E. H. Steele-Baume
G 3 Luft	Oberstleutnant P. H. H. H. Preston
G 1 / G 4	Oberst G. M. Warrack
Divisionsarzt	Oberstleutnant G. A. Mobbs

1. Fallschirmbrigade (Stärke: etwa 2400)

Kommandeur	Brigadier G. W. Lathbury
1. Fallschirmbataillon	Oberstleutnant D. T. Dobie
2. Fallschirmbataillon	Oberstleutnant J. D. Frost
3. Fallschirmbataillon	Oberstleutnant J. A. C. Fitch

4. Fallschirmbrigade (Stärke: etwa 2000)

Kommandeur	Brigadier J. W. Hackett
156. Fallschirmbataillon	Oberstleutnant Sir W. R. de B. des Voeux
10. Fallschirmbataillon	Oberstleutnant K. B. I. Smyth
11. Fallschirmbataillon	Oberstleutnant G. H. Lea
21. selbst. Fallsch.-Kp.	Major B. A. Wilson

1. Luftlandebrigade (Stärke: etwa 2900)

Kommandeur	Brigadier P. H. W. Hicks
Stellv. Kommandeur	Oberst H. N. Barlow
1. Btl., Border Rgt.	Oberstleutnant T. Haddon
7. Btl., King's Own Scottish Borderers	Oberstleutnant R. Payton-Reid
2. Btl., South-Staffordshire-Rgt.	Oberstleutnant W. D. H. McCardie

Divisionseinheiten
(Stärke: etwa 2795, einschl. Div.-Stab und Selbst. Kp.)

Aufklärungskp.	Major C. F. H. Gough
Artilleriekommandeur	Oberstleutnant R. G. Loder-Symonds
1. Luftlande-Art.-Rgt.	Oberstleutnant W. F. K. Thompson
1. Luftlande-Pz.-Abw.-Bttr.	Major W. F. Arnold
2. Luftlande-Pz.-Abw.-Bttr.	Major A. F. Haynes
1. Art.-Beob.-Staffel	Major D. R. Wight Boycott

Pioniere

Kommandeur	Oberstleutnant E. C. W. Myers
1. Pi.-Fallschirmkp.	Major D. C. Murray
4. Pi.-Fallschirmkp.	Major Ae. J. M. Perkins
9. Pi.-Feldkp.	Major J. C. Winchester
261. Pi.-Feldparkkp.	Major J. N. Chivers
Div.-Fernmelde-Kdr.	Oberstleutnant T. C. V. Stephenson

Kraftfahrtruppe

Kommandeur	Oberstleutnant M. St. J. Packe
93. Gemischte Kp.	Major F. Tompkins
250. Gemischte Kp.	Major J. L. Gifford
253. Gemischte Kp.	Major R. K. Gordon

Sanitätstruppe
   16. Fallsch.-Feldlaz.   Oberstleutnant E. Townsend
   133. Fallsch.-Feldlaz.   Oberstleutnant W. C. Alford
   181. Luftlande-Feldlaz.   Oberstleutnant A. T. Marrable

Instandsetzungstruppe
Instandsetzungsfeldpark   Major C. C. Chidgey

Fernm.-Instandsetzungstruppe
Kommandeur   Oberstleutnant E. J. Kinvig
Div.-Werkstatt   Major W. S. Carrick

Militärpolizei
Kompaniechef   Major O. P. Haig

Heeresflieger
   1. Staffel, Lastensegler   Oberstleutnant I. A. Murray
      Pil.-Rgt.
   2. Staffel, Lastensegler   Oberstleutnant J. W. Place
      Pil.-Rgt.

Divisions-Einsatzstärke: 10095 Mann

Anhang 2

Verteilung von Flugzeugen und Lastenseglern auf die Einheiten der 1. Luftlandedivision je Welle (Hub)

(Ursprüngliche Planung; im Laufe der Durchführung erfolgten gewisse Änderungen)

Erste Welle: 17. September 1944

Absprungzone »X*«
»X« – 20 Minuten: sechs Stirling-Flugzeuge der 38. Gruppe RAF zum Absetzen der »Pfadfinder« der 21. selbst. Fallschirmkp. »X«-Zeit: 149 C-47-Flugzeuge des IX. US-Truppentransportkommandos zum Absetzen der 1. Fallschirmbrigade.

Landezone »S«
»X« – 20 Minuten: sechs Stirling-Flugzeuge der 38. Gruppe RAF zum Absetzen der »Pfadfinder« der 21. selbst. Fallschirmkp. »X«-Zeit: 153 Flugzeuge der 46. und 38. Gruppe RAF zum Ausklinken von 153 Horsa-Lastenseglern mit der Masse der 1. Luftlandebrigade-Gruppe.

Landezone »Z«
»X«-Zeit: 167 Flugzeuge der 38. Gruppe RAF zum Ausklinken von 154 Horsa- und 13 Hamilcar-Lastenseglern mit der Führungsstaffel des Divisionsstabes und Teilen der Divisionseinheiten.

---

* »X«-Zeit ist die Zeit, zu der das Gros der Division zur Landung ansetzt. »X« – 20 Minuten liegt also 20 Minuten vor der »X«-Zeit.

Erste Welle insgesamt:
161 Transportflugzeuge, 320 Schleppflugzeuge, 320 Lastensegler
(13 Hamilcar, 307 Horsa).

Zweite Welle: 18. September 1944

Absprungzone »Y«
126 C-47-Flugzeuge des IX. US-Truppentransportkommandos
zum Absetzen der Masse der 4. Fallschirmbrigade.

Landezone »X«
208 Flugzeuge der 38. und 46. Gruppe RAF zum Ausklinken von
189 Horsa-, 4 Waco CG-4A- und 15 Hamilcar-Lastenseglern
mit Teilen der Divisionseinheiten.

Landezone »S«
62 Flugzeuge der 46. Gruppe RAF zum Ausklinken von 62
Horsa-Lastenseglern mit Teilen der 1. Luftlandebrigade-
Gruppe.

Absprungzone »L«
35 Flugzeuge der 38. Gruppe RAF zum Abwurf von Nachschubgütern.

Zweite Welle insgesamt:
126 Fallschirmjäger-Transportflugzeuge
270 Schleppflugzeuge
270 Lastensegler (15 Hamilcar, 4 CG-4A, 251 Horsa)
 35 Transportflugzeuge für Nachschubabwurf

Dritte Welle: 19. September 1944

Absprungzone »K«
114 C-47-Flugzeuge des IX. US-Truppentransportkommandos
zum Absetzen der Masse der polnischen 1. Fallschirmbrigade.

Landezone »L«

45 Flugzeuge der 38. Gruppe RAF zum Ausklinken von 35 Horsa- und 10 Hamilcar-Lastenseglern mit Teilen der polnischen 1. Fallschirmbrigade und des 878. US-Luftlande-Flugplatz-Pi.-Btl.

Absprungzone »V«

163 Flugzeuge der 38. und 46. Gruppe RAF zum Abwurf von Nachschubgütern.

Dritte Welle insgesamt:

114 Fallschirmjäger-Transportflugzeuge, 45 Schleppflugzeuge
45 Lastensegler (10 Hamilcar, 35 Horsa)
163 Transportflugzeuge für Nachschubabwurf

Anzahl der Flüge aller drei Wellen zusammen:

Absetzen von Fallschirmeinheiten: 401
Ausklinken von Lastenseglern: 635
Abwurf von Nachschubgütern: 198
Gesamtzahl: 1234

Anzahl der eingesetzten Lastensegler:

Hamilcars   38
Horsas   593
CG-4As   4
Gesamtzahl: 635

Anhang 3

Victoria-Kreuze*
**verliehen für Tapferkeit vor dem Feinde in der
Schlacht bei Arnheim**

Für Tapferkeit vor dem Feinde während des Unternehmens wurden fünf Victoria-Kreuze verliehen:

Vier posthum an
Hauptmann L. E. Queripel, Royal-Sussex-Regiment, kommandiert zum 10. Fallschirmbataillon
Hauptmann D. A. S. Lord, 271. Staffel 46. Gruppe RAF
Oberleutnant J. H. Grayburn, 2. Fallschirmbtl.
Feldwebel J. D. Baskeyfield, 2. Bataillon South-Staffordshire-Regiment

und das fünfte an
Major R. H. Cain, Royal Northumberland Fusiliers, kommandiert zum 2. Btl. South-Staffordshire-Regiment.
Die Auszeichnung wurde ihm durch S. M. König Georg VI. ausgehändigt.

---

* Das Victoria-Kreuz wurde im Jahre 1856 zur Zeit des Aufstandes in Indien von Königin Victoria gestiftet.

Literaturverzeichnis

ARNHEM MUNICIPALITY: The Battle of Arnhem, 1946.

BAUER, CORNELIS: The Battle of Arnhem – The Betrayal Myth Refuted, Hodder and Stoughton, 1969.

CHATTERTON, GEORGE S.: The Wings of Pegasus, MacDonald & Co. Ltd., 1962.

FARRAR-HOCKLEY, ANTHONY: Airborne Carpet (Purnell's WWII Battle Book No 9), 1969.

GIBSON, STAFF SERGEANT R.: Nine days (17–25 September 1944), Arthur H. Stockwell Ltd., 1956.

HAGEN, L.: Arnhem Lift (A Glider Pilot's Account), 2. Aufl., Pilot Press, 1953.

HIBBERT, CHRISTOPHER: The Battle of Arnhem, Batsford 1962.

HM Stationary Office: By Air to Battle, London 1945.

MACKAY, E. M.: The Battle of Arnhem Bridge, Blackwood's Magazine, October 1945.

MACKENZIE, CHARLES: It was like this: a short factual account of the Battle of Arnhem, 4. Aufl., Adremo CV 1960.

McKEE, A.: The Race for the Rhine Bridges: 1940; 1944; 1945. Veröffentlichung 1971.

NORTON, GEOFFREY: The Red Devils (The Story of British Airborne Forces), Famous Regiments Series, Leo Cooper 1971.

RYAN, CORNELIUS: A Bridge Too Far, Hamish Hamilton 1974.

Saunders, Hilary St. George: The Red Beret (Story of the Parachute Regiment at War 1940–1945), Michael Joseph 1950.

Tugwell, Maurice: Airborne to Battle (A History of Airborne Warfare 1918–1971), William Kimber 1971.

Urquhart, Roy: Arnhem, Cassell 1958.

War Office, Airborne Forces (The Second World War – Army-Series), Compiled by Lieutenant-Colonel T. B. H. Otway, DSO, 1951.

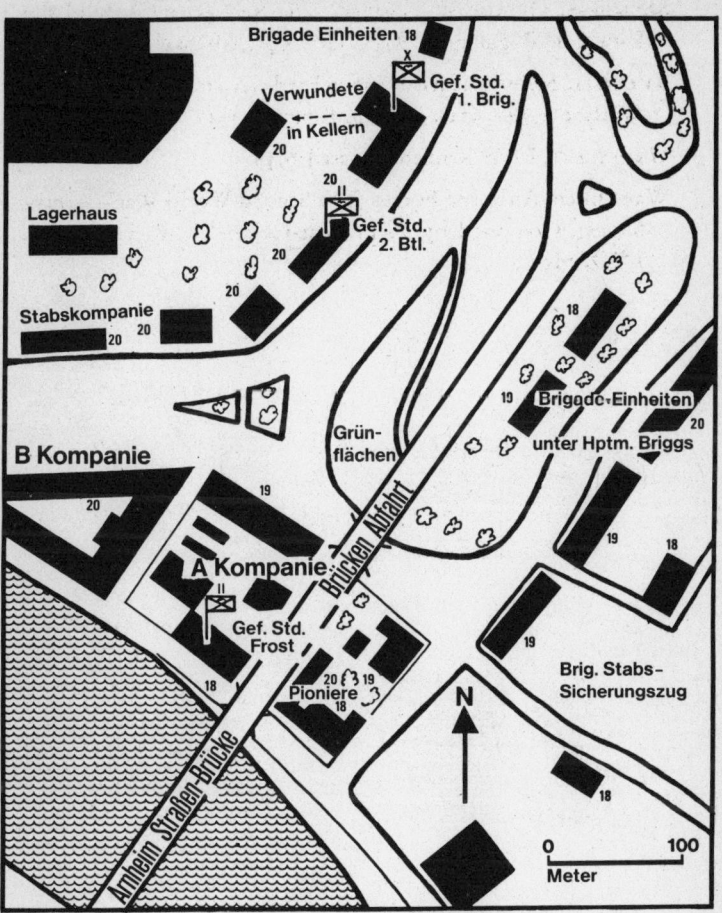

Die Verteidigung der Arnheim-Brücke – 17. bis 21. 9. 1944
Die Ziffern bezeichnen die Daten, an denen die Gebäude durch Feindeinwirkung zerstört oder sonstwie unhaltbar wurden für die britischen Verteidiger. Stellungen wurden zurückgenommen auf A-Kompanie und zuletzt auf Stabskompanie.

Goldmann Verlag München

**Michael Freund
Deutsche Geschichte**

»Die deutsche Geschichte ist immerdar überschattet von Teilungen und Spaltungen.«

Diese Aussage zieht sich durch die sechsbändige „Deutsche Geschichte" von Michael Freund. Sie schließt vor allem eine pseudoobjektive Betrachtungsweise der Geschichte oder das bloße Aneinanderreihen von Fakten aus.

Freund stellt deutsche Geschichte in dem Sinne durchaus subjektiv dar, daß jede ihrer einzelnen Epochen unter dem Blickpunkt der Gegenwart gesehen, in ihren Nachwirkungen auf die Gegenwart beurteilt wird. Geschichte wird zur Problemgeschichte.

Die Kernfrage lautet: „Was ist des Deutschen Vaterland?" Diese Frage drängt sich bereits für die „Geburtsstunde" des deutschen Volkes auf. Konnten die verschiedenen germanischen Stämme, aus denen das deutsche Volk entstand, je ganz in eines verschmelzen? Freund sagt, daß der Prozeß der Entstehung des deutschen Volkes bis heute noch nicht abgeschlossen ist. Die frevelnde Frage sei nie ganz verstummt, ob es dieses deutsche Volk überhaupt gebe.

Professor Dr. Michael Freund (1902–1972) lehrte lange Zeit an der Universität Kiel. Er war Mitherausgeber der Zeitschrift „Die Gegenwart" und ständiger Mitarbeiter der FAZ. Er ist darüber hinaus durch eine Reihe weiterer Buchveröffentlichungen zu historischen Themen bekanntgeworden.

Bd. 1: **Von den Anfängen bis 1492.** (11157)

Bd. 2: **1492–1815.** (11158)

Bd. 3: **1815–1871.** (11159)

Bd. 4: **1871–1918.** (11160)

Bd. 5: **1918–1939** (11161)

Bd. 6: **1939 bis zur Gegenwart.** (11162)